广东省软科学研究项目"广东省科技型企业创新发展影响因素及路径研究"（项目编号：2018B070713002）成果

编委会

高新技术企业
创新发展政策与认定实务

GAOXIN JISHU QIYE
CHUANGXIN FAZHAN ZHENGCE YU RENDING SHIWU

张志强　主编

暨南大学出版社
JINAN UNIVERSITY PRESS

中国·广州

图书在版编目（CIP）数据

高新技术企业创新发展政策与认定实务/张志强主编．—广州：暨南大学出版社，2022.3
（2022.5 重印）
ISBN 978 - 7 - 5668 - 3332 - 7

Ⅰ.①高…　Ⅱ.①张…　Ⅲ.①高技术企业—企业创新—研究—中国　Ⅳ.①F279.244.4

中国版本图书馆 CIP 数据核字（2021）第 277297 号

高新技术企业创新发展政策与认定实务
GAOXIN JISHU QIYE CHUANGXIN FAZHAN ZHENGCE YU RENDING SHIWU
主　编：张志强

- -

出 版 人：张晋升
策划编辑：晏礼庆　黄　颖
责任编辑：黄　颖
责任校对：张学颖　王燕丽
责任印制：周一丹　郑玉婷

出版发行：暨南大学出版社（510630）
电　　话：总编室（8620）85221601
　　　　　营销部（8620）85225284　85228291　85228292　85226712
传　　真：（8620）85221583（办公室）　85223774（营销部）
网　　址：http：//www.jnupress.com
排　　版：广州市天河星辰文化发展部照排中心
印　　刷：佛山市浩文彩色印刷有限公司
开　　本：787mm×1092mm　1/16
印　　张：12.25
字　　数：300 千
版　　次：2022 年 3 月第 1 版
印　　次：2022 年 5 月第 2 次
定　　价：98.00 元

前　言

党的十九大报告指出：建立以企业为主体、市场为导向、产学研深度融合的技术创新体系，加强对中小企业创新的支持。

近年来，广东省委省政府大力推动创新驱动发展重点工作"八大举措"，扭住高新技术企业这个"牛鼻子"，抓好高新技术企业培育。2021年，广东高新技术企业存量超6万家，持续领跑全国，实现了"六连冠"。在培育壮大高新技术企业群体的同时，广东省高度重视高新技术企业质量提升，实施高新技术企业树标提质行动计划，落实高新技术企业所得税优惠政策；大力支持高新技术企业开展核心技术攻关，在广东省重点领域研发计划项目中，高新技术企业牵头项目占比超五成，参与项目占比超九成，突破了一批核心技术和关键产品，扩大产学研结合有效供给，加速科技成果产业化，推进激光与增材制造、半导体与集成电路、高端医疗器械、智能机器人等战略性新兴产业快速成长，支撑新能源汽车、新一代电子信息、新型显示、现代种业等战略性支柱产业高质量发展；引进高层次人才和团队，优化科技金融服务体系，逐步将高新技术企业数量优势转化为发展优势。近几年，广东省高新技术企业科技活动经费年均投入强度高，发明专利、营业收入、净利润、上缴税费年均增速快，多项指标在国内排名第一，涌现了华为、腾讯、大疆等具有国际竞争力的世界一流企业、技术创新与市场紧密结合的高成长企业，以及细分领域的头部企业。其中，绝大多数高新技术企业属于战略性支柱产业集群或者战略性新兴产业集群、属于"专精特新"企业或上市公司。高新技术企业量质双提升有力支撑了广东区域创新能力连续5年保持全国第一。

广东持续优化高新技术企业认定管理与服务体系，严把准入关，为高新技术企业高质量发展奠定良好基础。修订印发《广东省高新技术企业认定管理工作细则》《广东省高新技术企业认定管理地市科技管理部门工作指引（试行）》；持续提升高新技术企业认定评审系统数据比对能力，建立专家库动态更新机制，创新采取"政策宣讲培训＋业务考试测试"相结合的方式，加强认定评审专家的培训力度，通过测试的专家才准予参加认定评审工作；面向中介机构和从业人员，开展政策培训和行业自律教育，建立黑名单制度，推动中介机构规范执业。特别是在防疫情况下，利用"广东科技""广东省高新技术企业服务"平台、服务热线等，全天候为企业提供政策答疑解惑；启动"高企服务团"活动，服务下沉，通过省市区联动、线上线下结合、大课宣讲与"一对一"精准服务结合等方式，指导企业提高认定申报质量。

习近平总书记指出，科技领军企业是国家战略科技力量的重要组成部分，要自觉履行高水平科技自立自强的使命担当。未来，广东省委省政府围绕强化创新主体地位作出系列重要部署，将坚持面向世界科技前沿、面向经济主战场、面向国家重大需求、面向人民生命健康，在科技项目的顶层设计方面，鼓励高新技术企业参与。落实普惠性财税政策，支

持高新技术企业牵头或参与重大研发项目，引导企业加大研发投入。推进"科技型中小企业、专精特新企业、高新技术企业、科技领军企业"梯次培育。支持龙头企业牵头组建创新联合体，提升企业核心技术攻关能力。优化配置人才、金融等创新资源，引导创新要素向高新技术企业聚集，构建高新技术企业全链条创新生态链，进一步推动高新技术企业量质双提升。

本书以科技型企业创新理论研究为切入点，梳理我国高新技术企业认定政策历史，总结广东省高新技术企业创新发展现状，解析一大批高新技术企业认定的典型案例。希望本书的出版，对政府部门研究和宣传贯彻国家高新技术企业创新发展相关政策，推动高新技术企业的发展，以及企业开展认定申报工作具有参考和借鉴作用。

编　者

2022 年 1 月 1 日

目 录
contents

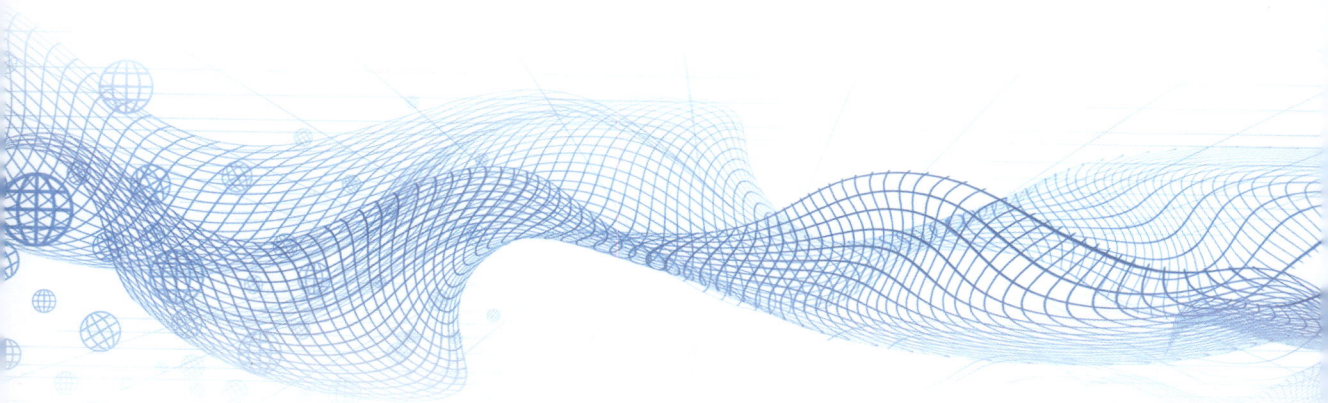

第一章

科技企业技术创新发展主要理论与政策综述

第一节 科技企业技术创新发展理论研究

一、国外科技企业技术创新理论发展

创新理论是美籍奥地利学者约瑟夫·阿洛伊斯·熊彼特（Joseph Alois Schumpeter）于1912年在《经济发展理论》中首次提出的重要理论体系。随后，企业创新发展成为当时部分先进国家的研究热点，涌现了一大批学者在熊彼特企业创新理论基础上开展众多的开创性研究，为20世纪中叶以来的企业创新发展提供了重要的科学理论指导。按照创新理论研究的演进，西方的创新理论发展大致分为以下三个阶段：

1. 第一阶段，即技术创新理论提出阶段（1912年至1956年）

该阶段主要是指从熊彼特首次提出创新理论至技术创新理论多学派研究兴起之前。熊彼特在《经济发展理论》中首次提出了技术创新理论，从动态和发展的观点分析了社会经济发展中"创新"的含义和作用，创新就是建立一种新的生产函数或者供应函数，即企业在生产体系中实现生产要素或者生产条件的"新组合"，以形成新的生产能力获取潜在利益，而且他认为企业家在引进"新组合"上发挥着"灵魂"作用，也正是企业家通过引进"新组合"推动着资本主义经济的发展。熊彼特把创新分为以下五种类型：产品创新、技术创新、市场创新、资源配置创新、组织创新。[①]

熊彼特于1939年和1942年分别出版了《经济周期》和《资本主义、社会主义和民主主义》两部著作，提出著名的"熊彼特经济周期理论"和"自动过渡论"，对技术创新理论做出了理论框架上的补充和完善。在《经济周期》中，熊彼特以技术创新为基础，对资本主义经济发展的周期运动做了归纳研究，认为创新浪潮将反复影响企业生产资料需求和银行信贷扩张，从而刺激社会经济经历"繁荣—衰退—萧条—复苏"的一个完整周期。[②]在《资本主义、社会主义和民主主义》中，熊彼特则认为社会经济进步至一切都自动化时，创新本身将成为例行事物，资本主义将自动过渡至社会主义。[③]熊彼特的上述理论研究均强调了生产技术革新对社会经济发展起着至关重要的作用，为之后西方众多技术创新理论流派发展提供了重要的理论基础。

2. 第二阶段，即技术创新理论深入研究发展阶段（1956年至1987年）

20世纪50年代，以微电子技术为主导的新技术革命蓬勃兴起。许多西方经济学家逐渐意识到传统经济理论难以单纯从资本和劳动力要素投入的角度来解释社会当时经济高速发展现象，于是开始聚焦技术创新现象与社会经济发展背后的关系，并形成基于熊彼特创

---

① 熊彼特. 经济发展理论［M］. 杜贞旭，郑丽萍，刘昱岗，译. 北京：中国商业出版社，2009.
② 孙梁，韦森. 重温熊彼特的创新驱动经济周期理论［J］. 济南大学学报（社会科学版），2020，30（4）：5–21.
③ 熊彼特. 资本主义、社会主义和民主主义［M］. 绛枫，译. 北京：商务印书馆，1979.

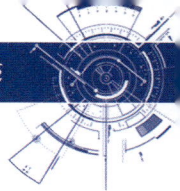

新理论的一系列技术创新理论成果，主要有新古典学派、新熊彼特学派、制度创新学派这三个学派（见表 1-1）。

（1）新古典学派，以罗伯特·M. 索洛（Rober M. Solow）等人为代表的学者采用新古典生产函数模型和边际效用理论分析经济增长来源。新古典学派研究认为经济增长速率主要取决于资本和劳动的增长速率、生产弹性和技术创新等，经济增长得益于生产要素数量增加带来的"增长效益"和要素技术水平提升带来的"水平效应"。索洛在 1957 年发表的《技术进步与总量生产函数》中提及，20 世纪上半叶美国非农劳动部门近九成的生产应该归功于当时的技术进步。[①] 新古典学派还提出，技术与其他商品一样存在市场供给和需求失衡的可能性，政府应当采取法律、税收、金融等直接或间接手段对社会技术创新活动进行调控。当技术创新资源已无法满足社会科技与经济发展需求时，适当的政府干预能够高效促进技术创新。

（2）新熊彼特学派，以爱德温·曼斯菲尔德（Edwin Mansfield）等人为代表的学者强调技术创新和技术进步在经济增长中的核心作用，重视技术创新过程内部复杂的运作机制，深入探究新技术推广，技术与市场结构、企业规模的关系等问题。曼斯菲尔德提出了经典的技术变迁理论，认为在一定条件下，新技术在同一行业的企业间推广速度与技术模仿的比例和模仿的相对盈利率成正比，与新技术要求的投资额成反比，一定程度上弥补了技术创新理论中关于技术模仿和扩散部分内容的空白。[②] 卡曼、施瓦茨等人则结合市场竞争强度、企业规模和垄断强度等市场结构要素探讨了技术创新与市场结构的关系，得出了"激烈竞争将推动技术创新；企业技术创新上所开辟的市场与企业规模成正比；垄断程度越高，控制市场能力就越强，技术创新就越持久"的论点。[③]

（3）制度创新学派，则是以兰斯·E. 戴维斯（Lance E. Davis）和道格拉斯·C. 诺斯（Douglass C. North）为代表。他们以制度革新和制度形成为研究对象的制度创新理论的发展，继承了熊彼特"组织创新对经济发展的作用"的初期狭义制度创新内容，把创新和现存制度变革结合起来，深入研究制度因素、企业技术创新和经济效益之间的关系，并强调制度安排和制度环境对经济发展的重要性。戴维斯和诺斯在 1971 年出版的《制度变迁与美国经济增长》中首次明确提出制度创新理论，认为制度创新是能使制度创新者获得追加或额外利益的一种制度变革，是对经济的组织形式变革或经营管理方式的改进。他们认为，当现存的制度安排无法实现创新的预期净收益大于预期成本时将推动制度创新，只有通过人为、主动地变革现存制度中的阻碍因素，才可能获得符合预期的创新收益，例如建立股份制公司、工会制度、国营企业制度、社会保险制度等。[④]

---

① 索洛. 经济增长因素分析 [M]. 史清琪，等选译. 北京：商务印书馆，1991.

② MANSFIELD E. Technical change and the rate of imitation [J]. Econometrica, 1961 (9)：741-766；MANSFIELD E. The speed of response of firms to new techniques [J]. Quarterly journal of economics, 1963 (77)：290-311.

③ 叶明. 技术创新理论的由来与发展 [J]. 软科学，1990 (3)：7-10.

④ DAVIS L E, NORTH D C, FUSFELD D R, et al. Institutional change and American economic growth：a first step towards a theory of institutional innovation [J]. The journal of economic history, 1970 (30)：131-149.

表 1－1　技术创新理论学派主要观点

理论学派	研究对象	主要观点
新古典学派	生产要素的数量和技术水平	经济增长来源为要素数量增加和要素技术水平提高
新熊彼特学派	技术革新和技术进步	强调技术创新和技术进步在经济增长中的核心作用
制度创新学派	制度革新和制度形成	经济增长的关键是设立一种能对个人提供有效刺激的制度

3. 第三阶段，即技术创新走向网络范式研究阶段（1987 年至今）

20 世纪 80 年代末期之前，技术创新理论研究认为技术创新一般经历局限于单个企业内部的"发明—开发—设计—中试—生产—销售"等简单的线性过程，随后学者称其为创新研究的"线性范式"。① 伴随全球科技迅猛发展，经济和信息全球化进展加速，创新环境网络演化特征明显，企业外部的信息交换和协调对于创新的作用越发明显。技术创新理论的研究视野逐渐从注重单个企业内部的"线性范式"转为注重企业与外部环境联系和互动的"网络范式"。

英国学者克里斯托夫·弗里曼（Christophe Freeman）于 1987 年首次提出"国家创新体系"的全新概念，是当时"网络范式"在国家层面研究技术创新的最初应用，并形成以国家创新系统为研究对象的国家创新体系理论。弗里曼研究发现，英、德、美、日等国家以技术创新为核心，结合组织创新和制度创新等手段发展国家经济并迅速成为工业化大国，实现技术领先的关键不仅仅是强调技术创新，制度安排、组织形式的创新同样发挥重要作用，这些均是国家创新体系发生演变的必然结果。② 理查德·尼尔森（Richard Nelson）于 1993 年主编并出版了《国家（地区）创新体系：比较分析》，把国家内的企业、企业的附属研究机构、公共研究机构和高等科研院校视为国家创新体系的主体，将国家创新体系定义为"相互作用于企业技术创新成果的一整套制度"。国家创新体系对企业技术创新的影响体现在政府、企业、高等院校以及科研机构等创新主体之间形成协调创新机制，其中政府是创新的统筹者，通过财政投入、科技政策、科技计划等手段制定科技发展战略，推动企业科技技术创新。这些学者认为，随着全球化进程加深，地理位置接近、商业联系紧密的创新主体，聚集成为真正意义上的经济利益体，创新系统的研究已经发展到区域创新和集群创新相结合的阶段。美国学者巴普蒂斯塔（Baptista）和英国学者斯旺（Swann）于 1998 年共同发表的研究成果认为紧密区域经济利益体的本地化技术创新网络更为长久和高效，原因是地理位置的邻近对创新主体间创新网络的支撑有着积极作用。③ 1995 年以来，企业互联网迎来关键发展，企业依托内外部网络平台开展包括商务、研发、

---

① 曹玉娟. 西方创新理论的演进轨迹与主流趋势［J］. 科技创新与生产力, 2013（6）：13－18.

② FREEMAN C. Technology policy and economic performance：lessons from Japan［M］. London：Printer, 1987.

③ BAPTISTA R, SWANN P. Do firms in clusters innovate more? ［J］. Research policy, 1998（27）：525－540.

制造、销售等活动。"互联网＋"时代下的技术创新理论迎来新发展，企业技术创新具有创新合作范围更广、创新资源整合力更强、技术创新周期更短的特点。随着以云计算、物联网、大数据和人工智能为代表的新一代信息技术蓬勃发展，企业技术创新模式和理念必将赋予更多的内容。

二、国内科技企业技术创新理论发展

中华民族自古以来就是一个重视创新的民族，早在春秋时期，《礼记・大学》曾有一句"苟日新，日日新，又日新"的创新箴言，文意引申至今则是强调人们需要及时反省自身，保持不断革新的意识和行动。造纸术、指南针、火药、印刷术四大发明正是中华民族创新发明对人类文明进步做出重大贡献的体现。

近代以来，中国经历了洋务运动、新文化运动等，为技术创新发展提供了生长的土壤，并在部分企业、领域中形成具体的创新个例。如早期化学工业企业家吴蕴初，1922 年研制出味精（谷氨酸钠），利用自身技术借助他人资金成立天厨味精厂，后集资改组为股份有限公司，1926 年其将味精配方和生产技术等向英、美、法等化学工业发达国家申请专利并获得批准。[①]

新中国成立后，我国先后出台《1956—1967 年科学技术发展远景规划》等多个中长期科技规划，快速地建立起较为完整的科技管理体系和科研组织体系，为我国国民经济的恢复乃至"两弹一星"等重大领域的突破提供了重要的规划指导。

1978 年 3 月，中共中央、国务院召开全国科学大会，提出"科学技术是生产力"等重要论断，为科技体制改革的启动奠定了重要思想基础。改革开放后，1985 年 3 月 13 日，中共中央做出《关于科学技术体制改革的决定》，文件指出科技工作必须紧紧围绕"振兴经济，实现农业、工业、国防和科学技术四个现代化"这个中心，通过改革运行机制、组织结构和人事制度的方式解决国内科技与经济发展"两张皮"的问题。1996 年 1 月，国家科学技术委员会通过了我国第一个由政府部门制定的技术创新相关的管理文件《技术创新纲要》，阐述了技术创新计划的主要内容有：技术创新能力建设、技术创新体系和机制建设、技术创新环境建设以及技术创新试点与示范工作等，意味着我国政府部门正式介入和大力推动国内技术创新发展工作。

自 20 世纪 80 年代国外技术创新理论引入我国后，许多经济专家学者愈发重视企业创新对经济发展的作用，在国外系列创新理论基础上进行了研究。在国家自然科学基金的资助下，我国理论界迅速地将西方创新理论应用到提升企业创新能力的实践中来。国内学者陆续对技术创新的起源基础、机制与模式、技术的扩散与转移、技术进步与技术创新、管理创新与组织创新等内容展开了系统的研究。国内技术创新理论发展按时间可划分为以下三个阶段：

---

① 王友平．吴蕴初与近代中国民族化工工业的兴起 [J]．四川师范大学学报（社会科学版），2008，35（1）：118 - 123.

1. 技术创新理论的引进与解读阶段（1978 年至 1984 年）

改革开放初期，以厉以宁教授为代表的经济学家引入研究西方技术创新理论。胡进祥（1983）发表《科学技术进步的经济效益初探》，认为科学技术进步是促进社会经济增长的因素中最为活跃、积极的因素，而加速推广成果则是提高科技进步、经济效益的关键。[①]汪应洛（1984）于《世界新的技术革命与我国的对策：总体战略的探讨》中提出世界正处于深刻的变革中，西方发达国家技术创新理论和新兴技术发展都处于前所未有的高速发展阶段，并将逐渐加紧技术的垄断和封锁，我国应积极迎接新技术革命的挑战，制定总体发展战略，加快技术创新发展步伐。汪应洛认为技术创新不仅仅是促进新技术、新产品的涌现，还是社会的一种高效率的科技活动，它必须体现出能为社会创造出高附加价值。[②]

2. 技术创新理论与国内企业创新相结合阶段（1985 年至 2005 年）

林自新等人（1988）在《技术创新：概念、机制与政策讨论——"技术创新机制与政策"研讨会发言摘要》中认为技术创新包括产品创新、生产工艺创新、管理方面的创新以及组织创新，它们都是经历从一个新概念开始直至形成生产力并成功地进入市场这样一个过程。[③]傅家骥等人（1992）在《技术创新：中国企业发展之路》中对国内企业、产业、政策的创新发展做了一定的考察，得出有效的市场需求与适用的技术结合才能推动企业技术创新，以及 R&D 是实现技术创新的重要手段和技术保证等结论。[④]贾蔚文等人（2000）在《若干重点产业技术创新战略设想》中认为技术创新是一个包括某种新的技术引进或是新设想从研究开发、中间验证、产品试制、商业化生产到市场销售完整过程的总和。[⑤]李军波等人（2005）在《经济增长理论的创新：技术与制度互动研究》中提出，将技术与制度放到同一主体性平台，技术水平和制度安排的发展互相推动进入下一个新的状态，形成一个良性互动循环，进而促进社会经济增长。[⑥]

3. 技术创新理论进一步发展阶段（2006 年至今）

许庆瑞等人（2006）在《企业技术与制度创新协同的动态分析》中强调，企业应重视技术要素和组织制度创新，通过工艺改造、技术与产品创新和组织管理等协同创新提高企业核心竞争力，进一步缩小与国际领先企业的差距。[⑦]路甬祥（2006）在《立足国情建立国家创新体系》中提出建设具有中国特色的国家创新体系，企业是创新价值链上的一个重要环节，必须发挥企业技术创新投入与行为的主体作用，持续开展具有产业化前景的应用技术开发与创新。[⑧]傅晓霞、吴利学（2013）在《技术差距、创新路径与经济赶超：基于后发国家的内生技术进步模型》中构建基于后发经济的内生技术进步增长模型，研究结

① 胡进祥. 科学技术进步的经济效益初探［J］. 科学学与科学技术管理，1983（12）：4.

② 汪应洛. 世界新的技术革命与我国的对策：总体战略的探讨［J］. 人文杂志，1984（3）：5.

③ 林自新，徐肇翔，汪应洛，等. 技术创新：概念、机制与政策讨论——"技术创新机制与政策"研讨会发言摘要［J］. 中国科技论坛，1988（6）：5 – 10.

④ 傅家骥，姜彦福，雷家骕. 技术创新：中国企业发展之路［M］. 北京：企业管理出版社，1992.

⑤ 贾蔚文，金履忠. 若干重点产业技术创新战略设想［J］. 宏观经济研究，2000（1）：29 – 33.

⑥ 李军波，姜军松，鞠方. 经济增长理论的创新：技术与制度互动研究［J］. 科学·经济·社会，2005，23（2）：38 – 42.

⑦ 许庆瑞，谢章澍，杨志蓉. 企业技术与制度创新协同的动态分析［J］. 科研管理，2006，27（4）：116 – 120，129.

⑧ 路甬祥. 立足国情建立国家创新体系［J］. 中国科学院院刊，2006（2）：89.

果表明后发国家绝对收入水平的赶超幅度取决于研发效率、家庭偏好和生产结构因素，在技术创新路线上，国内与国外技术成果的关系会对其研发行为和投入结构产生决定性影响。[①] 李源（2016）在《广东科技创新对经济增长的驱动效应研究》中采用参数法和非参数法相结合的方法，研究发现广东省全要素生产率的贡献正逐渐增加，科技创新投入、创新产出以及创新效率均对经济增长具有正向影响作用，且创新效率是影响经济增长的重要原因，科技创新驱动经济增长的力量正逐步增强。[②]

第二节　科技企业技术创新要素研究发展

传统的经济增长理论中，研究经济增长的生产函数只包括劳动、资本和其他自然资源生产要素。随着创新理论的逐步成熟，国内外学者开始研究企业的 R&D 活动经费投入、R&D 活动人员投入情况、科技成果转移转化、知识产权管理、企业科技管理等创新要素对提升企业技术创新能力的影响。

一、R&D 活动经费投入

研究与开发（Research and Development，简称 R&D），是指国际上通行的为增加包括有关人类、文化和社会知识存量及设计已有知识的新应用而进行的创新性、系统性工作。R&D 活动包括基础研究、应用研究和试验发展三类，R&D 活动应当具备新颖性、创造性、不确定性、系统性和可转移性等特点。企业的研究与开发一般可以理解为获得科学与技术新知识，创造性运用科学技术新知识，或实质性改进技术、产品（服务）、工艺而持续进行的具有明确目标的活动。

R&D 活动经费支出按经费使用的主体分为内部支出和外部支出，企业内部实施 R&D 活动而实际发生的全部经费为内部支出，一般由政府资金、企业资金、境外资金和其他资金组成，是企业 R&D 经费支出的重要组成部分。企业委托境内外其他机构或个人进行研究开发活动所发生的费用视为委托外部研究开发费用（外部支出），按照实际发生额的80% 计入委托方研发费用总额。20 世纪 60 年代初，国外学者开始研究研发经费投入对企业技术创新的影响，Scherer（1965）收集美国 500 强企业面板数据建模，把专利作为技术创新绩效的评价标准，研究发现企业研发经费投入的增加对技术创新存在正向影响。[③] 据统计，1994 年至 2000 年，美国 R&D 投入的第二大领域为医疗用品及器械，2000 年该领

① 傅晓霞，吴利学. 技术差距、创新路径与经济赶超：基于后发国家的内生技术进步模型 [J]. 经济研究，2013，48（6）：19–32.

② 李源. 广东科技创新对经济增长的驱动效应研究 [J]. 南方经济，2016（11）：125–132.

③ SCHERER F M. Firm sizes, market structure, opportunity and the output of patented innovations [J]. The American economic review，1965，55（5）：1097–1125.

域投入超过 300 亿美元，其中辉瑞、罗氏、强生等制药企业研发投入超过 20 亿美元，随后凭借节节攀升的研发资金投入，以上制药企业陆续在专攻领域推出重磅药物并迅速占领市场，并为日后成为全球排名前十药企的地位打下了坚实的基础。官建成等人（2004）实证分析表明 R&D 能力是提升企业创新绩效的最关键因素，而增加 R&D 经费投入是增强企业 R&D 能力的最主要途径。[①] 郭研等人（2011）研究发现，伴随中关村园区高新技术企业研发经费投入提升，新产品产值占总产值的比重明显提高，研发绩效越好，两者间存在的一定时间滞后关系也越明显。[②] 面对新冠肺炎疫情的冲击、医疗行业变革和竞争加剧，中国医药企业在研发投入上正式进入分水岭，恒瑞医药坚持科技创新战略，逐年增加研发资金投入，2020 年投入研发资金 49.89 亿元，占销售收入的 18%，重点围绕抗肿瘤药、手术麻醉用药等领域健全研发体系，报告期内国际 PCT 获授权 103 件，取得创新药临床批件 82 个，创新推出氟唑帕利胶囊等重磅药物，公司原研创新药实力再度得到学界认可，推动民族制药走向国际。

二、R&D 活动人员投入情况

R&D 活动带来的创新能力的提升不容忽视，它是经济增长方式得以转变的重要推手，其活动人员作为 R&D 活动的行为主体自然在技术创新过程中扮演着重要角色。欧默·莫夫（Omer Moav，2002）认为高质量的人力资本投入是影响技术创新的重要因素之一，随后盖勒·O.（Galor O.，2002）进一步探究了技术创新和人力资本之间的互动性，研究表明创新人员的技术适应能力与其教育投入成正比，人口教育水平的提升推动经济持续增长[③]，因此企业应该重视高学历人才的引进以及加强职工的教育与培训。马山水等人（2004）建立包含研究开发人员、高级职称研究开发人员等指标在内的企业技术创新能力评价体系，采用应用回归等数理统计方法分析浙江制造业企业数据，发现企业竞争力明显与技术创新能力之间存在显著的正相关关系，而增强企业 R&D 人力投入是提高企业技术创新能力的有效途径之一。[④] 杨武等人（2019）筛选 10 个国内专利密集型中类行业于 2006 年至 2015 年的 R&D 人力投入、资本投入、产业技术创新绩效指数作为面板数据，实证研究分析 R&D 人力投入等要素与技术创新绩效的关系，研究表明，当 R&D 人力投入位于最优和次优区间，人力投入利用效率较高。[⑤] 台湾积体电路制造股份有限公司（简称"台积电"）作为全球范围代工生产高端芯片的晶圆龙头企业，其研发资金投入不但遥遥领先其他行业竞争对手，同时还有具备高学历水平的研发人才队伍。据台积电 2020 年年

---

① 官建成，史晓敏. 技术创新能力和创新绩效关系研究 [J]. 中国机械工程，2004，15（11）：60 - 64.

② 郭研，刘一博. 高新技术企业研发投入与研发绩效的实证分析：来自中关村的证据 [J]. 经济科学，2011，33（2）：117 - 128.

③ GALOR O，MOAV O. Natural selection and the origin of economic growth [J]. The quarterly journal of economics，2002，117（4）：1133 - 1191.

④ 马山水，顾伟，卢群英. 浙江省制造业企业技术创新能力和竞争力关系的实证研究 [J]. 生产力研究，2004（8）：97 - 98，156.

⑤ 杨武，杨大飞，雷家骕. R&D 投入对技术创新绩效的影响研究 [J]. 科学学研究，2019，37（9）：1712 - 1720.

报统计，台积电共有 56 831 名员工，其中技术人员 18 375 名，占比超过 32%，硕士研究生学历以上员工占总人数的 51.1%。移动通信龙头企业华为通信技术有限公司每年不断加大研发经费投入并加强科研人才培育引进，目前研发人员已经超过 10 万人，约占公司总人数的 53.4%，启动了"顶尖人才""天才少年"项目，基于全球视野用世界级课题持续吸纳国内外高水平人才，增强核心技术研发攻关能力。

三、科技成果转移转化

新的科技成果需要经过转化阶段，获得转化、推广与落地应用才能创造经济价值。企业科技成果转移一般是指企业通过各种途径从高校院所等供给方接收制造某种产品、应用某种工艺或提供某种服务的系统知识，而企业科技成果转化是指将系统知识转化为实体形态的产品或者非实体形态的服务，通过应用推广实现其经济价值的过程。Thursby（2004）研究发现企业随着对委托外部其他机构进行研究开发活动的依赖性增加，急剧推动了科技成果从高校院所向企业转移。[1] Bercovitz、Feldmann（2006）认为企业能够从高校院所等学术部门获得更多科学成果转移、孵化、指导等方面的支撑，从而获得更多的创新创业成果。[2] 贺德方（2011）系统整理分析了国内外科技成果转化有关概念以及相关评价指标的内涵，认为科技成果管理主要体现在科技成果的分类评价以及多元化的转化支持方式，政府应支持企业转移转化具有市场化前景的科技成果，转变成具有一定经济效益的产品或者服务。[3] 戚湧等人（2015）在国内外对科技成果转移转化的研究基础上，把科技成果分成了基础公益类、共性技术类和专有技术类三个类型，探究了不同类别科技成果的转化模式，认为专有技术类科技成果转化应遵循市场主导的原则开展。[4] Kafouros 等人（2015）研究发现，现今社会科学技术更迭不断加速，大多数企业无法仅凭借自身研发体系持续在市场上推出保持创新优势，承接转移高校院所等学术部门科技成果并转化为对应产品成为企业提升自身创新能力的重要渠道。[5] 夏天添等人（2020）深入探讨了"高校—企业"科技成果转移对企业创新绩效的影响机制，发现企业通过外部组织引入科技成果能够通过利用科技成果转出组织的优势，有效降低企业创新成本，提升企业综合性创新绩效，提高企业在未来市场的核心竞争力。[6] 王春嬉等人（2020）通过建模探究技术转让、技术入股、自行转化、产学研合作、政产学研合作等多种转化方式对企业科技成果转化绩效的影响，

① THURSBY J G, THURSBY M C. Are faculty critical? Their role in university – industry licensing [J]. Contemporary economic policy, 2004, 22 (2): 162 – 178.

② BERCOVITZ J, FELDMANN M. Entrepreneurial universities and technology transfer: a conceptual framework for understanding knowledge-based economic development [J]. The journal of technology transfer, 2006, 31 (1): 175 – 188.

③ 贺德方. 对科技成果及科技成果转化若干基本概念的辨析与思考 [J]. 中国软科学，2011 (11): 1 – 7.

④ 戚湧，朱婷婷，郭逸. 科技成果市场转化模式与效率评价研究 [J]. 中国软科学，2015 (6): 184 – 192.

⑤ KAFOUROS M, WANG C, PIPEROPOULOS P, et al. Academic collaborations and firm innovation performance in China: the role of region-specific institutions [J]. Research policy, 2015, 44 (3): 803 – 817.

⑥ 夏天添，张振铎，万鹏宇. "高校—企业"技术转移对企业创新绩效的影响：来自经验取样法的证据 [J]. 科技进步与对策，2020, 37 (19): 105 – 112.

结果表明技术入股与产学研合作能够更有效地提升企业科技成果的转化效率。①

四、知识产权管理

"知识产权（Intellectual Property）"一词源自世界知识产权组织（WIPO）于 1967 年发布的《建立世界知识产权组织公约》，WIPO 认为知识产权是广义上的社会各个领域智力活动所产生的合法权利。国内外初期主要通过列举其主要内容的方式来表述"知识产权"，如视作专利权、著作权和商标权等权利的一般结合。我国知识产权法制概念则是指"权利人对其智力劳动所创作的成果和经营活动中的标记、信誉所依法享有的专有权利"，主要包括著作权和工业产权。随着世界科技革命不断发展，知识产权正逐渐成为科技企业最重要的生产要素和核心竞争力，而知识产权管理则是推动企业技术创新的重要保障。

Taylor、Silbertson（1973）研究认为知识产权对企业发展的重要性日益突出，专利、注册商标、服务商标和版权等智力资产应该以知识产权等合法权利的形式得到保护。② Bradley、Lynne（1996）认为以技能、知识和创造力等无形资产形式出现的知识产权正逐渐成为个人、企业和国家竞争优势的来源之一。③ SEYOUM（2006）通过比对澳大利亚、奥地利等国家专利保护对外商直接投资的影响得出以下结论：国际科技和贸易竞争逐渐激烈的形势下，知识密集型产品占贸易产品比重不断提高，企业应加强专利等知识产权保护和管理工作，开发和生产具有知识产权的产品。④ 包海波（2003）梳理了德州仪器公司等美国著名公司的知识产权战略管理模式，总结案例企业关于知识产权的创造、保护、管理和应用等情况，强调国内企业应结合自身实际发展情况建立合适的知识产权管理制度。⑤ 冯晓青（2005）认为，企业知识产权管理是现今企业管理的重要组成部分，我国企业应注重科技成果产权化、专业人才引进和激励机制建立健全等方面工作，以最大限度获得行业内竞争优势。⑥ 潘李鹏（2016）通过建模分析近百家计算机应用上市企业的知识产权能力和成长性的相关性，研究表明知识产权创造与应用综合能力更强的企业平均成长性普遍较高，我国计算机应用企业逐渐加大研发投入和重视知识产权创造。⑦ 孙鑫磊等人（2020）结合江苏省高新技术企业 2006 年至 2016 年知识产权发展与出口竞争力情况，分析得知知识产权特别是企业商标和专利是高新技术企业出口贸易竞争的重要筹码，对企业出口竞争

---

① 王春嬉，常雅文，杨祎. 科技成果转化方式对企业转化绩效的影响研究 [J]. 西安航空学院学报，2020，38（2）：25 – 34.

② TAYLOR C T, SILBERTSON Z A. The economic impact of the patent system [M]. Cambridge：Cambridge University Press，1973：199.

③ BRADLEY, LYNNE E. Intellectual property and copyright [J]. College & research libraries news，1996，57（11）：774 – 775.

④ SEYOUM B. US trade preferences and export performance of developing countries：evidence from the generalized system of preferences [J]. International business review，2006，15（1）：68 – 83.

⑤ 包海波. 美国知识产权保护制度的特点及发展趋势 [J]. 科技与经济，2003，16（6）：51 – 54.

⑥ 冯晓青. 我国企业知识产权管理存在的问题与对策 [J]. 科技管理研究，2005，25（5）：38 – 40.

⑦ 潘李鹏. 知识产权能力及其演化与企业成长研究：基于计算机应用上市企业的实证分析 [D]. 杭州：浙江工业大学，2016.

力具有正向影响。①

五、企业科技管理

企业研究与开发、科技成果转移转化、知识产权保护等活动均属于企业科技活动的重要组成部分。企业科技管理则是指对于以上科技活动进行组织与管理的总称，企业科技管理主要包括企业研发管理、产学研合作管理、科技人员管理等。自 20 世纪 60 年代以来，国内外对科技企业研发管理的理论研究大致经历萌发期、起步期和持续发展期三个阶段。科技企业从没有明确商业目的的初级研发管理活动，到根据市场需求开展产品研发和市场管理，再到现今的从战略层面加强研发管理，科技企业不断加强自身研发管理能力，提升企业技术创新能力。国内企业相继引进产品及周期优化法（PACE）、集成产品研发法（IPD）、高效产品开发法（HPPD）等理论应用于企业研发管理，华为、中兴等通信科技标杆企业率先实施 IPD 管理方法取得显著成效。② 产学研合作管理方面，产学研合作通常是指企业根据创新发展技术需求，联合高等学校和科研院所开展技术攻关，促进科技成果有效转移转化，走向应用和市场化。George 等人（2002）发现，与一流高等学校建立产学研合作关系有利于提高企业自身的声誉和获得关键创新资源的机会，共建的研究中心具有更低的研究开发成本，并能够有效提高知识产权产出的数量和质量。③ 仲伟俊等人（2009）从企业视角对我国产学研合作及其技术创新模式进行了分析，其中创新技术联合开发为主要模式，委托开发和技术咨询为次要模式，成果转化和创新创业等模式合作则相对较少，并提出增强企业技术创新积极性和能力是提升技术创新水平的关键。④ 科技人员管理方面，科技人员是企业的重要创新主体和核心竞争力，充分激发科技人员创新创造的积极性成为科技人员管理工作的重要组成部分。自 20 世纪 30 年代以来，国外开始将绩效考核相关理论引入科技人才管理，发现对提高企业人力管理效率具有重要积极作用。自 21 世纪以来，科技人才管理强调根据企业建立适宜的绩效考核体系以激励员工发挥最大潜能，Irs 等人（2012）认为企业在科技人才管理工作中，员工绩效考核内容与方式应与员工发展需求保持一致性，企业创新绩效管理效率将得到有效提升。⑤ 徐海英（2004）认为企业可以通过包括提升薪酬福利、职位晋升、员工培训、股权激励、企业文化激励等途径激励人才创新，提升企业核心竞争力。⑥ 杨树（2016）则提出，企业应针对科技人才制定有别于其他员工的激励机制，通过科技成果转化分成等的利益分享机制能够有效激发科技

① 孙鑫磊，石林林，向征，等. 知识产权对企业出口竞争力影响分析：以江苏省高新技术企业为例 [J]. 统计与管理，2020，35（12）：14 – 17.

② 刘芳. XG 公司研发管理优化研究 [D]. 西安：西北大学，2021.

③ GEORGE G, ZAHRA S A, WOOD D. The effects of business-university alliances on innovative output and financial performance：a study of publicly traded biotechnology companies [J]. Journal of business venturing, 2002, 17（6）：577 – 609.

④ 仲伟俊，梅姝娥，谢园园. 产学研合作技术创新模式分析 [J]. 中国软科学，2009（8）：8.

⑤ IRS R, TÜRK K. Implementation of the performance-related pay in the general educational schools of Estonia [J]. Employee relations, 2012, 34（4）：360 – 393.

⑥ 徐海英. 中小企业员工的激励机制 [J]. 上海轻工业，2004，34（5）：17 – 31.

人员创新意愿，为企业提供更强大的技术创新动力。[①]

第三节　西方主要发达国家补贴企业创新的政策

财政支持政策是大多数国家支持企业的普遍做法，政府在特定时期为了扶持特定行业，会制定相应的救助政策或补贴政策，重视创新的国家也通常会采取补贴支持政策鼓励企业创新。财政补贴的方式主要分为税收补贴和资金补贴，学界认为税收补贴政策促进了企业 R&D 投入，提高了专利和新产品创新产出，但税收优惠在一些国家特定行业中的促进作用并不是线性关系，而是 U 形关系或其他关系等。

不同国家的补贴方式不同，政府主导能力强的国家大多采用官方选择对象和直接配置财政资金的方式，而以市场为主导的国家通常将财政资金委托第三方以基金方式进行管理。两种方式各有优缺点，西方主要发达国家以成立政府引导基金资助企业为主。

一、税收减免优惠（税收补贴）

经济合作与发展组织的成员都制定了税收补贴政策，用以鼓励企业增加研发投入。目前，税收优惠政策主要有三种：应纳税所得额抵扣、所得税减免和研发设备加速折旧。应纳税所得额抵扣是指企业在应纳税所得额中，直接抵扣的金额超过研发费用实际支出的一定比例，这种方式被英国、比利时等国家采用。所得税减免是指政府部分减免或完全免除研发费用的企业所得税优惠政策，这种方式被美国和日本采用。研发设备加速折旧可使纳税人在固定资产的使用初期提取更多折旧，从而提前收回投资，加拿大、美国等国家均采用这种方式。

从表 1-2 可以看出，中国的企业所得税税率在 G20 国家中处于中位数的水平。然而，在实际计算企业缴纳税收的时候，情况要复杂许多。例如，美国联邦公司所得税（Federal Corporate Income Tax）现为 21% 的统一比例税率，适用 2017 年 12 月 31 日后所产生的应税收入，另外美国各州（不征州公司所得税的州除外）规定了从 1% 至 12% 不等的州公司所得税税率。所以，美国本土企业的税率在税收优惠政策实施之前，可能是 22% 至 34% 不等。

与之类似的，我国也有高新技术企业、技术先进型服务企业的税收优惠政策，企业所得税减按 15% 征收，加上研发费用加计扣除可以给企业抵扣部分应纳税所得额，科技型企业实际的应纳税率不到 15%，在 G20 国家中处于较低税率的水平。又如我国小微企业税率，对月销售额 10 万元以下（含本数）的增值税小规模纳税人免征增值税；对小型微利企业年应纳税所得额不超过 100 万元的部分，减按 25% 计入应纳税所得额，按 20% 的税

---

① 杨树. 国有企业开展科技人员股权和分红激励的相关政策、实践和建议［J］. 中国人力资源开发，2016（20）：22-29，76.

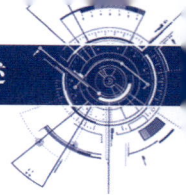

率缴纳企业所得税；对年应纳税所得额超过 100 万元但不超过 300 万元的部分，减按 50% 计入应纳税所得额，按 20% 的税率缴纳企业所得税。

表 1 - 2　G20 国家本土企业所得税税率对比①

排序	国别	法定所得税税率/%
1	巴西	34
2	日本	30.62
3	澳大利亚	30
3	德国	30
3	墨西哥	30
4	南非	28
7	加拿大	26.5
7	法国	26.5
9	印度	25.17
10	阿根廷	25
10	中国	25
10	荷兰	25
10	韩国	25
10	西班牙	25
10	土耳其	25
16	意大利	24
17	印度尼西亚	22
18	美国	21
19	俄罗斯	20
19	沙特阿拉伯	20
21	英国	19
22	新加坡	17
23	瑞士	14.93

1. 应纳税所得额抵扣（英国）

应纳税所得额抵扣，是指依照税法规定计算应纳税所得额时不属于扣除项目的投入，允许按应纳税所得额的一定比例直接扣除应纳税所得额。英国实行 R&D 税收抵免制度，鼓励和支持企业开展 R&D 活动。1945 年，英国政府规定，企业用于研发投入的当期支出

① List of countries by corporate tax rate ［EB/OL］. （2021 - 11 - 19）. https：//tradingeconomics. com/country - list/corporate - tax - rate.

和资本支出（土地支出除外），可直接从当年应纳税所得额中 100% 扣除。2000 年 3 月，英国发布当年的预算报告（BUDGET 2000 Prudent for a Purpose：Working for a Stronger and Fairer Britain），其中包含的资本贴现法案自 4 月起生效：政府开始对中小企业的研发投入实施更多的税收优惠政策，中小企业不仅可以以 100% 的特别贴现率从研发资本支出中扣除，且符合研发所需的投入，经常性支出可按 150% 的特殊贴现率从应纳税所得额中扣除。2002 年 4 月 1 日，英国政府向大型企业提供了额外费用信贷，以鼓励企业加大研发投入，政府允许大公司投入研发，符合条件的常规性支出在本年度应纳税所得额中按 125% 的贴现率扣除，资本支出仍按 100% 的贴现率扣除。2007 年，英国政府发布了一份科技评估报告《向上竞争》（The Race to the Top），该报告认为，目前的 R&D 税收抵免计划不仅应鼓励高科技产业，还应鼓励包括创意产业、金融业等的重要创新领域。

近年来，英国进一步优化了研发税收抵扣政策，所有研发投入超过 1 万英镑的公司均可享受税收减免。中小企业可享受研发投入 150% 的税收减免，大企业可享受 125% 的税收减免。2010 年英国修订《公司法》，规定从 2011 年 4 月起，针对小企业的 R&D 税收抵扣提高至 200%。到 2012 年，小企业研发的税收抵扣已增加到 225%。

2. 所得税减免（美国、日本、法国）

所得税减免是指国家运用税收经济杠杆，灵活调整企业所得税税率，以鼓励和支持企业或某些特殊行业发展的措施。

美国政府对研发活动的税收激励始于 20 世纪 50 年代，其 1954 年的《国内税收法》规定，允许企业在纳税时减免当年发生的所有研究和实验费用。1981 年 1 月 31 日，美国总统里根签署了《经济复苏税收法案》，进一步将税率降至 20%。到目前为止，美国政府已经将研发税收减免延长了 12 次，从 6 个月到 5 年不等。随着研发成本的降低，美国研发税收激励对企业的研发投入和技术创新活动具有明显的激励作用。

美国还推出了一系列研发税收优惠措施。如 1992 年加强了对《小企业法》和《减税法》的研究和修订；1996 年 7 月，加强了对创业企业的研发支持，推出一种根据企业当年符合条件的 R&D 经常性支出超过基准数额（企业前四年的平均销售额）的百分比，用以确定税收减免的新计算方法，公司研发税收减免修订为可以结转 20 年。2006 年 12 月，美国政府通过了《税收抵免及医疗保健法案》，该法案为 R&D 提供了三种主要的税收激励措施：传统税收抵免、增量税收抵免和减量税收抵免。2009 年，美国政府发布了《美国创新战略：推动可持续增长和高质量就业》，提议将研发减税永久化。在 2011 年更新的《美国创新战略：确保我们的经济增长与繁荣》中，奥巴马再次呼吁简化和维持研究与实验性税收抵免，以持续激励美国企业创新和增加研发投入。

2017 年 12 月 22 日，特朗普正式签署了《减税和就业法》，这是自 20 世纪 80 年代以来美国最大规模的减税法案。该法案一是将企业所得税税率从 35% 降至 21%，考虑了州税和地方税的区别，美国的企业所得税税率为 22%～34%；二是"属地税制"改变了全球税收征管体系和递延原则，美国公司只需为其海外利润向原产国纳税，而无须向美国政府纳税；三是降低海外利润的汇回税率，现金资产税率为 15.5%，固定资产税率为 8%，消除保留海外收入的激励扭曲，鼓励企业将外汇汇回美国进行投资；四是新设备一次性折旧，税费改革后的设备投资成本允许企业在当年一次性支出购买新设备的全部成本。

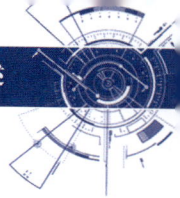

自 20 世纪 90 年代以来，日本政府实施了一系列税收优惠政策，促进企业与基础科研机构的合作。其中，《推进专项实验研究税收制度》规定，企业与国家研究实验室、大学和国外研究实验室合作开展的研究开发活动，按研发支出总额的 6% 免税。

日本是一个以高端制造业为主的国家，对中小企业也有税收优惠政策，并实施税收优惠减免，以鼓励研发和投资。日本政府制定了许多税收政策，如"增加测试费用的税收减免"和"税收制度促进发展的基本技术"。相关政策规定，所有发展基金用于新材料、高端电子技术、电子通信技术和太空开发技术等领域，将免除 7% 的税收；高端电子、高性能机器人、新材料、生物工程及相关机械设备和建筑的研发支出将免征 10% 的税。

2017 年开始，法国开始逐步下调公司税税率，标准税率在 2022 年降至 25%，法国公司的部分研发支出可以抵减应纳税所得额（1 亿欧元以下的研发费用按 30% 抵减，超过 1 亿欧元的部分按 5% 抵减）。未在当年抵减完的研发支出最多可向后结转三年，如仍有剩余抵减额，可在三年后申请退税，特定的活动可适用加速折旧。此外，部分支出也可在 12 个月的期限内摊销。自 2013 年 1 月 1 日起，中小企业的研发支出不超过 40 万欧元的部分可抵减 20% 的应纳税所得额（即抵免最高限额为 8 万欧元）。中小企业、创新型新办企业、在老工业区新创建的企业以及困难企业的相关研发支出所对应的税收抵免额，当年未抵减完的可立即申请退税。

此外，法国对于创新型企业做出了定义和额外的税收优惠。法国定义的创新型企业包括两类，一是员工人数少于 250 人、营业额不超过 5 000 万欧元或总资产不超过 4 300 万欧元、在 8 年内成立未经历过合并重组，并且研发费用占总成本 15% 及以上的中小型企业；二是以股东或董事进行研发活动为主，且硕士、博士生或教师、科研人员的持股比例在 10% 以上的新型学术企业。上述企业在第一个盈利年度（连续 12 个月）享受 100% 减免公司税；第二个盈利年度（连续 12 个月）享受 50% 减免公司税。对于创新型企业，公司税减免上限为每 36 个月 20 万欧元。

3. 研发设备加速折旧（加拿大、荷兰）

在第一次工业革命后，大型机械和工业的发展，特别是铁路的发展和股份制公司的出现，人们创造了长期资产的概念，开始区分"资本"和"收入"。因此，折旧费用被认为是企业生产过程中不可避免的费用。折旧概念的出现是企业从收付实现制向权责发生制转变的重要标志，其概念基础是权责发生制和反映这一制度要求的匹配原则。根据匹配原则，固定资产的成本不仅是为取得当期收入而发生的成本，也是为取得以后各项收入而发生的成本，即固定资产的成本是在固定资产有效使用期内为取得收入而发生的成本。

加拿大的税收政策有两个显著特点：第一，研发资本支出（购买机器和设备）可以在发生当年扣除，而其他资本支出只能在一定时期内通过折旧扣除；第二，研发现金支出可以递延减税，最长不超过 7 年，一般现金支出不能递延减税。

荷兰允许企业对列在环境清单上的资产进行加速折旧。该资产的采购成本以及研发成本的 75% 可以进行加速折旧，剩余的 25% 则根据常规的折旧规则进行折旧。

二、政府引导基金（资金补贴）

外国政府产业引导基金一般采用母基金的形式，基本不直接参与投资和日常管理运作。在美国，包括引导基金在内的政府资金占整个风险投资基金的比例不到3%，而在欧洲和日本，政府资金占整个风险投资基金的比例为5%～7%。即使是在采用政府主导模式发展产业引导基金的以色列，政府资金在所有相关产业投资基金中的比例也不超过10%。

1. 市场主导模式（美国）

市场主导模式，又称信用担保模式，主要是指设立产业引导基金的初始阶段，政府发起设立产业引导基金，通过提供信用担保而非直接投资支持企业。这种模式不会增加政府的财政负担，但需要更高水平的市场体系和社会资本。目前，该模式已在美国和德国得到广泛应用，是相关政府产业引导基金的主要运作模式。

例如，美国的产业引导基金源于1953年成立的小企业管理局（SBA）和1958年根据《中小企业投资法》（Small and Medium Business Investment Act）设立的中小企业投资公司（SBIC）计划，这是政府产业引导基金发挥信用担保机制的主要手段。SBA是行业指导基金管理和监督的主体，依据SBIC计划赋予的职能，选择风险投资基金公司，并向其提供一定比例的直接融资和融资担保。

该模式的主要特点是：在产业引导基金中，政府参与的首要方式是信用担保，而非直接注资。虽然在某些情况下，政府也会直接出资，但财政资金和政府担保贷款的比例仍然很小，政府担保债券主要是针对特定项目发行的。通常小企业投资公司计划发行政府支持的债券，这些债券将由风险投资基金的优先股支持。一般情况下，政府在项目盈利之前支付债券利息，项目盈利后，产业引导基金将首先偿还债券利息并支付到期本金。如果基金能够继续盈利，政府将选择继续使用参股投资收益作为行业引导基金的风险补偿或收益激励基金。有时，政府也会选择出售引导基金的股权并直接撤出。

为保证市场化发展模式的顺利运行，美国政府还提供了多方面的制度支持。美国政府为促进中小企业的发展，通过了一系列促进中小企业发展的法案，用于指导中小企业的投资行为，这为中小企业产业引导基金的发展奠定了法律基础。到2012年，美国工业投资基金的规模已超过5 000亿美元，是世界上最大的工业投资基金之一。[①]

2. 产业政策＋引导基金的模式（德国）

产业引导基金的发展需要政府产业政策的配合。设立产业政策与股权投资的融合已成为一种重要模式。产业引导基金的目标是突出政府资金的引导作用，加快有关产业的发展速度，产业引导基金的设立符合产业政策的初衷。产业引导基金与产业政策相结合，可以加强产业引导基金的作用。特别是，当产业引导基金的主体是地方政府，就更容易因地制宜地出台相关产业政策，基金的投资引导作用就可以得到加强。

这里的产业政策主要分为两个层次：一是由德国中央政府牵头制定产业引导基金，引

---

① 郑联盛，朱鹤，钟震. 国外政府产业引导基金：特征、模式与启示［J］. 地方财政研究，2017（3）：30－36.

导地方政府投入配套；二是地方政府将因地制宜出台相关产业政策，促进产业引导资金的发展。1995 年，德国中央政府提出了"创业型技术公司股权投资计划"和"小型技术公司股权投资计划"，这两项计划本质上都是政府产业引导基金，地方政府和主办金融机构为符合条件的公司提供融资服务和担保服务，并重视股权投资。2000 年前后，德国中央级产业引导基金逐步退出市场。[①] 相反，地方政府开始借鉴这个模式，建立和遴选具有当地特点的发展方式和产业引导基金。这种基金主要由地方政府设立的中小企业投资公司投资，方向为电子和生物技术等。

地方政府还会配合有关产业政策的实施，进一步提高产业资金的政策导向。例如，2015 年，德国联邦经济和能源部、欧洲投资基金和复兴信贷银行联合制定了两个金融工具——科帕里奥基金（Coparion Fund）和 ERP/EIF 成长基金。其中，科帕里奥基金规模为 2.25 亿欧元，可帮助初创公司实现总计约 4.5 亿欧元的收入；ERP/EIF 成长基金可为德国高成长性的新兴资本密集型企业提供总计 5 亿欧元的资本。

第四节　西方主要发达国家产业发展政策

现代产业政策侧重于促进产品研发和人力资本培养，重点帮助尖端技术和新兴产业的发展。美、德、日都是重视产业补贴的国家，它们的创新目标是紧密围绕市场价值或应用前景促进经济和工业发展。这里的创新，是指一个完整的，集市场化、产业化、流程化于一体的创新链，包括技术、设备、产品设计、生产流程、市场、管理、组织等。其中，技术改造和技术开发紧密相连，成为产业创新的纽带。美、德、日三国产业战略对比如表 1 – 3 所示：

表 1 – 3　美、德、日三国产业战略对比[②]

国家	美国	德国	日本
产业创新导向	原创型创新	渐进式创新	"追赶式"渐进创新
产业创新模式	先进制造计划、硅谷模式、创新城区	高技术战略 2020、工业 4.0	开放式创新
产业创新政策支持	中小企业、军民融合、科技创新、风险投资	中小企业、数字化	中小企业
创新主体	大公司、中小企业	政府、大企业、跨国公司	大公司

---

① 郑联盛，朱鹤，钟震. 国外政府产业引导基金：特征、模式与启示 [J]. 地方财政研究，2017（3）：30 – 36.
② 芮明杰：美日德政府产业创新政策比较 [EB/OL].（2017 – 09 – 30）. http：//www.siss.sh.cn/kyxs/yjsy/553335. shtml.

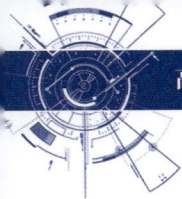

（续上表）

优缺点	专利政策"发明者优先"，收益丰厚；风险较高、成本高（投资成功率低）	突破式创新少、产业固化	侧重专利改进
趋势	创新城区、突破性产品	创新政策体系、数字化、工艺创新	创新创业

一、制造业回流国家战略（美国）

为加强美国制造业在世界上的领先地位，在 21 世纪，特别是金融危机后，美国制定了大量的产业政策，包括《美国制造业框架振兴报告》（2009）、《美国制造业促进法案》（2010）、《先进制造业伙伴计划》（2011）、《美国制造业复兴——促进增长的 4 大目标》（2011）、《美国创新战略》（2011）、《先进制造业国家战略计划》（2012）、《美国制造业创新网络：初步设计》（2013）。2012 年 2 月，美国总统办公室和国家科学技术委员会发布了《先进制造业国家战略计划》，提出了增加研发投入、优化政府投资、加快中小企业投入、提高劳动技能、建立伙伴关系和促进先进制造业发展六大目标，包含一系列公私联合投资、政府投资、政府采购和税收减免等措施。

在关键领域，美国政府研究并制定了《电网现代化计划》（2011）、《美国清洁能源制造计划》（2013）、《机器人技术路线图：从互联网到机器人》（2013）、《金属增材制造（3D 打印）技术标准路线图》（2013）、《美国人工智能研究与发展战略计划》（2016）、《美国机器智能国家战略》（2018），这些政策要求增加对制造业的投资、加强政府采购、为出口企业提供信贷支持以及支持制造业关键领域的创新。2018 年 10 月，在美国政府的领导下，美国国家科学技术委员会再次发布了《美国先进制造业领导战略》，提出了三个目标：发展和推广新的制造技术；教育、培训先进制造所需的劳动力；扩大国内制造业供应链的能力，以确保美国拥有领先的地位。尽管特朗普削减了 2018 年的科技预算，但他也支持一些关键领域的技术创新，例如为人脑项目拨款 8 600 万美元，为精密医学拨款 1 亿美元，以及增加行星科学和太空的探索预算分别达到 4.5% 和 8.9%。

二、聚焦创新领域战略（德国）

通过观察德国产业政策的三个阶段，可以发现，2006 年德国高技术战略（2006—2009 年）重点支持包括能源、卫生和生物技术在内的 17 个未来新兴领域；2010 年，《思想·创新·增长——德国 2020 高技术战略》选择安全、通信、交通、健康/营养、气候/能源五大领域作为"未来项目"的重点支撑；在 2011 年"行业 4.0"计划中，推动"信息物理"融合系统在物联网和服务网络中的应用，重点创新领域由 17 个变为 5 个，最终变为 2 个。2014 年，德国政府发布了题为《新高科技战略——为德国而创新》（Die neue

Hightech-Strategie：Innovationen für Deutschland）的报告，旨在推动德国成为世界领先的创新型国家。2019 年 2 月，德国联邦经济和能源部发布《国家工业战略 2030》，深化"工业4.0"战略，推动德国工业全方位升级。

三、开放式创新战略（日本）

充分利用全球资源的开放创新已成为日本下一发展阶段的重要战略。与美国和德国相比，日本政府和企业对开放式创新的重视程度要高得多。为此，日本新能源和工业技术综合发展署（NEDO）与日本开放式创新协议会（JOIC）开展合作，于 2016 年 7 月制定并发布了第一份《开放式创新白皮书》，总结了日本开放创新的发展趋势：从研发到创造新范式，以及开放创新方法的成熟。

为了应对企业创新的发展，日本政府还推出了一系列促进创业的措施，如建立创业学校、税收和财政激励。总体而言，日本的产业创新政策在不同的发展阶段进行了调整，以满足不同阶段的创新需求。近年来，日本实现了跨越式发展，成为创新型国家和技术强国。

第五节　西方主要发达国家塑造创新环境的政策

根据欧洲创新环境研究小组（GREMI）的定义，企业可被视为创新环境的成果，自主创新环境可以被看作培养具有自主创新能力的企业的场所。企业应与其他企业、高校、职业培训中心、专利运营管理中心和当地政府合作，并利用创新环境中的多种资源进行协作，以创造一种新的生产与制造机构文化融合的方式，从而创造一种有利于自主创新的环境。

一、创新法制环境（美国、瑞典）

西方国家为了促进技术创新和企业生产经营主体活动，大多通过相关法律法规的方式给予保障。这些法律法规主要规范企业在社会福利、劳动合同、税收、竞争等方面的活动，对中小企业的发展起到了积极作用。

美国施行《小企业技术创新与发展法案》（1982）、《创新法案》（2014）、《美国竞争法案》（2017）和《创新与竞争力法案》（2017），主要支持科技成果商业化和产业创新，实施方式以间接参与为主。特别强调为价值链上游的创新活动建立有效和有力的规则与条例，同时，应当为价值链下游以市场为导向的活动创造公平的竞争环境，以促进竞争。

2008 年，瑞典政府通过了第一部《研究与创新条例法案》。[①] 该法案大幅增加了政府在研究和创新方面的支出。2014 年，通过了《研究政策法案》《创新体系中的研究开发与合作》和《瑞典创新战略》，大大提高了整体协调效果。这些法律试图将价值链中的各个参与者——政府、企业和研究机构——聚集在一起，形成一个创新社区。企业本身并不局限于单打独斗，甚至可以与竞争对手合作，利用外部孵化器进行自我拓展，构建有效的合作网络。

二、知识产权保护（美国、日本）

知识产权保护是西方主要发达国家创造创新环境的重要手段之一。华盛顿是美国第一任总统，在他的任期的第二年，也就是 1790 年，亲自任命杰斐逊主持了专利法的编纂和专利制度的建立。

对企业来说，保护知识产权可以给企业带来巨大的经济效益，增强企业的经济实力。知识产权的排他性决定了企业如要在市场上立于不败之地，必须拥有自主知识产权。现在稍具规模的企业都已经意识到商业秘密、品牌和技术等无形资产的巨大作用。如何提高这些无形资产的价值，取决于知识产权的合理保护。从宏观上看，国家法律体系层面的知识产权保护为企业提供了坚实的法律基础，为企业与员工之间的保护、商业秘密文件保护和侵权规定指明了方向和具体实施方法，规范了知识产权的创造、使用和保护。

20 世纪 70 年代，随着亚洲新兴国家和地区的经济崛起，来自日本等国家的低成本仿制品严重冲击了美国国内市场。在竞争的压力下，美国总统卡特于 1979 年首次提出将知识产权作为国家发展战略。此后，美国利用长期积累的科技成果，在全球市场上注重知识产权出口战略，保持了其在世界科技研发中的主导地位和经济实力。建立了以《专利法》《反不正当竞争法》《商标法》为基础的知识产权法律体系。《联邦技术转让法案》促进了美国政府拥有的专利的商业化，通过《美国发明人保护法》有效保护了发明人的利益，通过《技术转让商业化法案》理顺了研究机构、企业和政府之间的关系，并于 1980 年出台《大学和小企业专利程序法》，促进了专利在大学和企业之间的流通。

日本政府继 2000 年出台《大学技术转让促进法》后，于 2002 年 2 月首次提出了"知识产权国家建设"的国家战略。同年 7 月，日本的知识产权战略明确指出，为恢复经济活力，日本必须扩大知识产权创造的科学探索和技术研发，建立知识产权的良性循环机制。

三、人才引进培养（美国、德国）

后工业时代是创新人才在全世界范围内竞争的时期，美国在培养和引进创新人才方面做出了较大的努力。尤其是在 2008 年世界金融危机发生后，美国推出新形势下的创新创

---

① OECD reviews of innovation policy：Sweden 2012 ［EB/OL］. （2013 – 02 – 05）. http：//dx. doi. org/10. 1787/9789264184893 – en.

业人才培养战略，更加重视培养科学、技术、工程和数学（即 STEM）方面的人才。2013年，美国科学技术咨询委员会向政府提交了 2013 年至 2018 年 STEM 教育战略计划。同年，美国政府斥资 30 亿美元建设 STEM 教育体系，旨在加强培养 STEM 人才。此外，从 2009年到 2015 年，美国国家经济委员会已经发布了三份关于美国创新战略的报告，旨在借助技术工具与创新思维的有效组合，为美国培养更多的创新人才。

美国硅谷是世界顶尖创新人才的聚集地，这主要得益于高收入、多成长机会、大发展空间和有效的人才激励政策所激发的良好创新氛围。此外，硅谷还为创新优秀人才建立了股权奖励、技术投资等激励机制，以获得持续的高收入。与世界上其他创新高地不同的是，为了促进人才的合理流动，有效配置人力资源，硅谷建立了一种鼓励创新人才合理流动的机制。这一机制不仅支持创新人才在不同企业之间自由流动，也鼓励创新人才离开企业自主创业，实现人才的充分利用。此外，硅谷的各类公司都对新员工、新机会和新想法持开放态度，并且有一种容忍失败的创新文化。他们认为，大多数创业者在第一次创业时往往会失败，并将失败的经验教训作为风险投资评价的积极影响因素。

美国政府大力支持职业学校的开设，有助于提高普通工人的整体素质，培养更多满足企业需求的技能型人才，为新的就业岗位提供高素质的劳动力，并把重点放在加强基础设施建设投资上，引入适当的私营部门投资，以支持新基础设施（包括新技术、新材料和新工艺）的发展，从而提供满足科技创新发展需求的新基础设施。

德国的"双轨"职业教育和继续教育培养了能够长期服务于制造业的基础技术人才。除高等院校外，还有一大批专门培养职业技术人才的职业教育学校。这些职业学校在长期的教育培训过程中，逐渐摸索出了一套较为成熟的"二元制"职业培训方法和模式（见表 1-4）。

表 1-4　德国"二元制"职业培训方法和模式

特点	企业	职业学校
培训场所	在企业里接受实践训练	学员在职业学校里接受理论学习
管理模式	企业内的培训由企业按照《职业培训法案》的相关规定来执行	职业学校由政府来负责管理
经费支持	企业负担其内部培训的费用	职业学校由公共财政负担

为保证职业教育体系的顺利运行，政府在法律中明确规定了各岗位的基本培训内容和职业教育规章制度。目前，德国政府承认涉及贸易、工业、管理等领域的约 350 个职位。

四、创新网络——产学研结合（美国、法国）

1980 年，美国颁布了《小企业经济政策法》，为扶持小企业奠定了政策基础。1988年，面对日本制造业的巨大冲击，美国启动了制造业拓展伙伴计划（MEP）。MEP 主要是国家实验室、地方高校、科研机构和大型企业生产的新技术、新方法通过提供技术服务直

接转移给中小制造企业，从而帮助中小制造企业改进生产流程，提高技术能力，推动产品创新。在国家标准与技术研究所的支持下，MEP 在 50 个州和波多黎各拥有 60 个制造技术中心和 440 个服务网点。2000 年，美国颁布了《技术转让和商业化法案》，以加强对该技术的财政支持。从 1991 年到 2014 年，美国政府对 MEP 的投资持续增加，从 1 190 万美元增加到了 1.28 亿美元，24 年共计投资 20.6 亿美元。

法国创新生态系统中有一个独特的元素——竞争极（Competitive Pole）。根据 2005 年法国预算法，竞争极的定义是位于同一地点的公共和私营企业、高等教育机构和研究机构的集合，其目标是寻求协同效应，以促进经济发展和创新生态系统的形成。竞争极鼓励公私合作，促进研发活动，并为欠发达地区的经济发展注入一定的活力。

目前，在法国各地分布了 55 个竞争极，作为科技研发的生力军，创新领域的积极参与者也是创新生态系统和国家战略的重要贡献者。[1] 竞争极的建立、选址和研究方向选择都符合当地的理念。依托现有工业企业和教育科研机构，充分考虑当地在基础设施、大学教育、工业体系等方面的优势，分析当地土地政策、城市发展和规划，以确保双方的未来发展合理，并充分激发竞争极及其成员单位的创新动力，通过政府与竞争极紧密合作，形成了促进发展的合力。

---

[1] 龙云. 法国"竞争极"的发展阶段与资助模式及政策研究 [J]. 海峡科技与产业，2020（7）：11 – 16.

第二章

高新技术企业认定概况

第一节　高新技术企业认定发展历程

一、第一阶段：1978 年至 1987 年

20 世纪 80 年代初，中国正值改革开放和振兴经济的重要发展时期。新技术革命及其带来的科学技术的重大发现、发明和广泛应用，推动世界范围内生产力、生产方式和经济社会发展观发生了前所未有的深刻变革，也引起全球经济格局和利益格局发生了前所未有的重大变化。为了适应科技经济发展的新趋势，迎接世界新技术革命的挑战，1985 年 3 月 13 日，国家印发《中共中央关于科学技术体制改革的决定》，提出中国的经济建设必须依靠科学技术、科学技术工作必须面向经济建设的战略方针。同时指出：为加快新兴产业的发展，要在全国选择若干智力资源密集的地区，采取特殊政策，逐步形成具有不同特色的新兴产业开发区。为此，国务院于 20 世纪 90 年代初批准建立国家高新技术产业开发区，一大批科技人员纷纷进入高新区创办高新技术企业，由此拉开了中国高新技术企业发展的序幕。

二、第二阶段：1988 年至 1990 年

1988 年，为推动高新技术产业发展，我国批准实施中国高新技术产业的指导性计划——火炬计划。高新技术企业是实施火炬计划项目的载体。国家每年从承担火炬计划项目的企业中，择优选定一批重点高新技术企业（集团）。为配合火炬计划的实施，国家科学技术委员会颁布了《关于高技术、新技术企业认定条件和标准的暂行规定》，并在高新区开展高新技术企业认定。截至 1989 年底，全国建立较早的 15 个高新区已按照《关于高技术、新技术企业认定条件和标准的暂行规定》认定了 2 065 家高新技术企业。这些高新技术企业开始在我国高新技术产业形成与发展中发挥生力军的作用，其职工总数达 4.7 万人，其中大专以上科技人员占 40% 以上；技工贸总收入达 26.2 亿元，不仅实行技工贸一体化的市场化管理和经营，而且具备较强的依靠科技进步、发展高新技术产业的意识和实力，形成了我国高新技术企业队伍的雏形。

三、第三阶段：1991 年至 1999 年

1991 年国务院发布了《关于批准国家高新技术产业开发区和有关政策规定的通知》（国发〔1991〕12 号）和《国家高新技术产业开发区高新技术企业认定条件和办法》，授

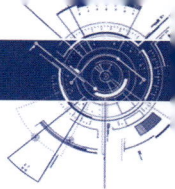

权国家科委开展高新区内高新技术企业认定工作。随后，根据《中华人民共和国科学技术进步法》和国务院国发〔1991〕12 号文件的有关规定，1996 年，国家科委颁布《国家高新技术产业开发区外高新技术企业认定条件和办法》（国科发火字〔1996〕018 号），将高新技术企业认定的范围扩展到高新区外。在这一阶段，国家首次明确提出了"高新技术企业"的概念，并且将高新技术企业认定从高新区扩大至高新区外，不断扩大政策的覆盖面。截至 1999 年底，我国入统高新技术企业 17 118 家，从业人员 364 万人，实现工业总产值 10 558.8 亿元，出口创汇 203 亿美元，实现净利润和上缴税额均超过 700 亿元。

四、第四阶段：2000 年至 2007 年

为贯彻《中共中央国务院关于加强技术创新，发展高科技，实现产业化的决定》（中发〔1999〕14 号），科技部再次修订了国家高新区内高新技术企业认定标准，出台了《国家高新技术产业开发区高新技术企业认定条件和办法》（国科发火字〔2000〕324 号）。新的认定管理办法中，具体的认定标准相对以前的条件要求更为严格和明确，主要体现在高新技术产品、研发经费强度、高新技术产品与技术性收入比重三个方面（见表2－1）。截至 2007 年底，我国入统高新技术企业 56 047 家，从业人员 1 452 万人，科技人员占比 19.3%，实现工业总产值 95 911.5 亿元，营业收入超过 10 万亿元，科技活动经费投入强度 4.4%，出口创汇 3 683.5 亿美元，实现净利润 6 684.1 亿元，上缴税额 4 851.4 亿元。

表2－1 2000 年高新区高新技术企业认定条件和办法变化情况

政策文号	国发〔1991〕12 号	国科发火字〔2000〕324 号
高新技术产品	—	根据高新技术企业产品目录认定
研发经费强度	用于高新技术及其产品研究、开发的经费应占本企业每年总收入的3%以上	企业每年用于高新技术及其产品研究开发的经费应占本企业当年总销售额的5%以上
高新技术产品与技术性收入比重	高新技术企业的总收入，一般由技术性收入、高新技术产品产值、一般技术产品产值和技术性相关贸易组成。高新技术企业的技术性收入与高新技术产品产值的总和应占本企业当年总收入的50%以上	高新技术企业的技术性收入与高新技术产品销售收入的总和应占本企业当年总收入的60%以上；新办企业在高新技术领域的投入占总投入60%以上

五、第五阶段：2008 年至 2015 年

2006 年，中共中央、国务院制定了《关于实施科技规划纲要增强自主创新能力的决

定》。2007 年 3 月 16 日，第十届全国人大通过的《企业所得税法》，提出对国家重点扶持的高新技术企业的优惠政策。科技部会同财政部、国家税务总局共同制定新的《高新技术企业认定管理办法》，并于 2008 年 4 月 14 日正式发布。配套文件《高新技术企业认定管理工作指引》也于 2008 年 7 月 8 日正式印发。与以前认定办法不同的是，新办法突出强调和鼓励企业创新，将企业研发投入强度、研发活动、自主知识产权尤其是核心专利技术作为评审认定的核心指标。新政策认定标准规范统一，避免了认定工作的随意性，明确规定了企业研发和创新能力的具体衡量指标，借鉴 OECD、美国、韩国等经验，结合中国实际，确定了企业研究开发活动界定标准及费用归集标准。同时，对科技人员、研究开发人员、自主知识产权、科技成果转化能力等相应指标也给予了明确说明，重点表现在四个方面（见表 2 - 2）。2012 年，党的十八大强调要坚持走中国特色自主创新道路、实施创新驱动发展战略。高新技术企业成为实施创新驱动发展战略的重要抓手。全国各省、自治区、直辖市纷纷采取措施加大高新技术企业培育力度，不断壮大地区高新技术企业群体。截至 2015 年底，我国入统高新技术企业 76 141 家，从业人员 2 045.2 万人，科技人员占比 25.7%，实现工业总产值近 19 万亿元，营业收入超过 22 万亿元，科技活动经费投入强度 4.7%，出口创汇 4 768.7 亿美元，实现净利润 14 894.8 亿元，上缴税额 11 052.1 亿元。

表 2 - 2　2008 年高新技术企业认定条件变化情况

政策文号	国科发火字〔1996〕018 号/ 国科发火字〔2000〕324 号	国科发火〔2008〕172 号/ 国科发火〔2008〕362 号
高新技术产品	《高新技术企业产品目录》	《国家重点支持的高新技术领域》
研发经费强度	国科发火字〔1996〕018 号：用于高新技术及其产品研究、开发的经费应占本企业每年总收入的 4% 以上 国科发火字〔2000〕324 号：企业每年用于高新技术及其产品研究开发的经费应占本企业当年总销售额的 5% 以上	销售收入为 5 000 万元以下企业，比例不低于 6%；销售收入为 5 000 万 ~ 2 亿元的企业，比例不低于 4%；销售收入为 2 亿元以上的企业，比例不低于 3%
管理机构	部、省、市科技行政管理部门	部、省、市科技、财政、税务部门
过程监督	—	采取公示公告、投诉处理、日常检查等措施加强过程监管

六、第六阶段：2016 年至今

2016 年，科技部、财政部、国家税务总局修订印发了新的《高新技术企业认定管理办法》和《高新技术企业认定管理工作指引》。这是我国第 5 次对高新技术企业认定管理政策的调整。相较以往认定办法，新的管理办法在高新技术企业认定条件、后续管理等方面有八大变化（见表 2 - 3）。

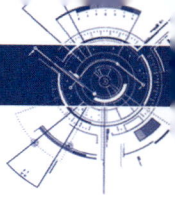

表 2 – 3 2016 年高新技术企业认定条件变化情况

政策文号	国科发火〔2008〕172 号	国科发火〔2016〕32 号
知识产权	在中国境内（不含港、澳、台地区）注册的企业，近三年内通过自主研发、受让、受赠、并购等方式，或通过 5 年以上的独占许可方式，对其主要产品（服务）的核心技术拥有自主知识产权	企业通过自主研发、受让、受赠、并购等方式，获得对其主要产品（服务）在技术上发挥核心支持作用的知识产权的所有权
科技人员	具有大学专科以上学历的科技人员占企业当年职工总数的 30% 以上，其中研发人员占企业当年职工总数的 10% 以上	企业从事研发和相关技术创新活动的科技人员占企业当年职工总数的比例不低于 10%
研发费用比例	最近一年销售收入小于 5 000 万元的企业，比例不低于 6%	最近一年销售收入小于 5 000 万元（含）的企业，比例不低于 5%
高新技术产品与技术性收入比重	高新技术产品（服务）收入占企业当年总收入的 60% 以上	近一年高新技术产品（服务）收入占企业同期总收入的比例不低于 60%
申请材料	1. 高新技术企业认定申请书； 2. 企业营业执照副本、税务登记证（复印件）； 3. 知识产权证书（独占许可合同）、生产批文，新产品或新技术证明（查新）材料、产品质量检验报告、省级以上科技计划立项证明，以及其他相关证明材料； 4. 企业职工人数、学历结构以及研发人员占企业职工的比例说明； 5. 经具有资质的中介机构鉴证的企业近三个会计年度研究开发费用情况表（实际年限不足三年的按实际经营年限），并附研究开发活动说明材料； 6. 经具有资质的中介机构鉴证的企业近三个会计年度的财务报表（含资产负债表、损益表、现金流量表，实际年限不足三年的按实际经营年限）以及技术性收入的情况表	1. 高新技术企业认定申请书； 2. 证明企业依法成立的相关注册登记证件； 3. 知识产权相关材料，科研项目立项证明，科技成果转化、研究开发的组织管理等相关材料； 4. 企业高新技术产品（服务）的关键技术和技术指标、生产批文、认证认可和相关资质证书、产品质量检验报告等相关材料； 5. 企业职工和科技人员情况说明材料； 6. 经具有资质的中介机构出具的企业近三个会计年度研究开发费用和近一个会计年度高新技术产品（服务）收入专项审计或鉴证报告，并附研究开发活动说明材料； 7. 经具有资质的中介机构鉴证的企业近三个会计年度的财务会计报告（包括会计报表、会计报表附注和财务情况说明书）； 8. 近三个会计年度企业所得税年度纳税申报表

（续上表）

年度发展情况报表	—	企业获得高新技术企业资格后，应每年5月底前在"高新技术企业认定管理工作网"填报上一年度知识产权、科技人员、研发费用、经营收入等年度发展情况报表
公示日期	认定机构对企业进行认定。经认定的高新技术企业在"高新技术企业认定管理工作网"上公示15个工作日，没有异议的，报送领导小组办公室备案，在"高新技术企业认定管理工作网"上公告认定结果，并向企业颁发统一印制的"高新技术企业证书"	认定企业由领导小组办公室在"高新技术企业认定管理工作网"公示10个工作日，无异议的，予以备案，并在"高新技术企业认定管理工作网"公告，由认定机构向企业颁发统一印制的"高新技术企业证书"；有异议的，由认定机构进行核实处理
监督管理	第十五条　已认定的高新技术企业有下述情况之一的，应取消其资格：（一）在申请认定过程中提供虚假信息的；（二）有偷、骗税等行为的；（三）发生重大安全、质量事故的；（四）有环境等违法、违规行为，受到有关部门处罚的。被取消高新技术企业资格的企业，认定机构在5年内不再受理该企业的认定申请	第十九条　已认定的高新技术企业有下列行为之一的，由认定机构取消其高新技术企业资格：（一）在申请认定过程中存在严重弄虚作假行为的；（二）发生重大安全、重大质量事故或有严重环境违法行为的；（三）未按期报告与认定条件有关重大变化情况，或累计两年未填报年度发展情况报表的。对被取消高新技术企业资格的企业，由认定机构通知税务机关按《税收征管法》及有关规定，追缴其自发生上述行为之日所属年度起已享受的高新技术企业税收优惠

　　党的十九大报告指出，我国经济已由高速增长阶段转向高质量发展阶段，要加快建设创新型国家，要深化科技体制改革，建立以企业为主体、市场为导向、产学研深度融合的技术创新体系，加强对中小企业创新的支持，促进科技成果转化。2020年，《中共中央关于制定国民经济和社会发展第十四个五年规划和二〇三五年远景目标的建议》提出："提升企业技术创新能力。"这一阶段，我国高新技术企业发展从前期的高速增量逐步向量质双提升方向发展，在我国科技创新和经济社会发展中的支撑作用日益突出。截至2020年底，我国入统高新技术企业269 896家，从业人员3 858.8万人，科技人员占比23.74%，实现工业总产值近36.71万亿元，营业收入超过52.08万亿元，科技活动经费投入强度5.29%，出口创汇5.46万亿元，实现净利润3.51万亿元，上缴税额1.84万亿元。

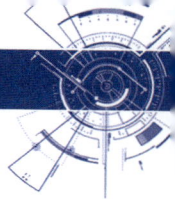

第二节　不同发展阶段高新技术企业认定管理机构情况

高新技术企业认定管理机构从起初由科技部门单独推进逐步向多部门联动推进发展。2008 年，科技部、财政部、国家税务总局建立了部门合作与政策协调的长效机制，构建责权分明、监管与操作分离的认定管理工作体系。新办法设立了"部门决策、地方认定、机构监管"的认定管理工作体系。科技部、财政部、国家税务总局三部门联合成立认定工作领导小组作为决策层，研究决定高新技术企业认定工作原则，解决科技、财政、税务部门在高新技术企业认定及相关政策落实中出现的重大问题。认定工作领导小组下设办公室作为监管层，负责认定工作的备案管理，监督、检查全国高新技术企业认定工作和相关政策的落实情况。省级科技部门与同级财政、税务部门组成高新技术企业认定管理机构，作为认定机构，负责本地区高新技术企业认定工作，并通过会商制度及时解决高新技术企业认定及税收政策落实中出现的有关问题。2016 年，《认定办法》修订后明确了国家及省领导小组下设办公室，并将办公室设在科技部门（见表 2 - 4）。

表 2 - 4　各个时期高新技术企业认定管理机构情况

序号	文件名称	文号	管理机构及职责
1	《高技术、新技术产业开发试验区高技术、新技术企业认定条件和标准的暂行规定》	—	国家科委归口管理全国的高新技术企业认定工作
2	《国家高新技术产业开发区高新技术企业认定条件和办法》	—	省、自治区、直辖市、计划单列市科学技术委员会是省、自治区、直辖市、计划单列市人民政府管理开发区内高新技术企业认定工作的主管机关，负责监督本办法的实施。开发区办公室在人民政府领导和省、市科委指导监督下，具体办理高新技术企业的审批认定事宜
3	《关于印发〈国家高新技术产业开发区外高新技术企业认定条件和办法〉的通知》	国科发火字〔1996〕018 号	国家科委归口管理全国的高新技术企业认定工作；国家科委火炬计划办公室是国家科委负责该项工作的日常管理机构。省、自治区、直辖市、计划单列市科学技术委员会是省、自治区、直辖市、计划单列市人民政府管理当地高新技术企业认定工作的主管机关，负责监督本办法的实施

（续上表）

序号	文件名称	文号	管理机构及职责
4	《关于印发〈国家高新技术产业开发区高新技术企业认定条件和办法〉的通知》	国科发火字〔2000〕324号	科学技术部负责归口管理和指导全国高新技术企业认定工作。各省、自治区、直辖市、计划单列市科技行政管理部门具体负责本办法在当地的实施工作
5	《关于印发〈高新技术企业认定管理办法〉的通知》	国科发火〔2008〕172号	科技部、财政部、国家税务总局组成全国高新技术企业认定管理工作领导小组，负责指导、管理和监督全国高新技术企业认定工作。各省、自治区、直辖市、计划单列市科技行政管理部门同本级财政、税务部门组成本地区高新技术企业认定管理机构
5	《关于印发〈高新技术企业认定管理工作指引〉的通知》	国科发火〔2008〕362号	
6	《科技部 财政部 国家税务总局关于修订印发〈高新技术企业认定管理办法〉的通知》	国科发火〔2016〕32号	科技部、财政部、国家税务总局组成全国高新技术企业认定管理工作领导小组，负责指导、管理和监督全国高新技术企业认定工作。领导小组下设办公室，由科技部、财政部、国家税务总局相关人员组成，办公室设在科技部。各省、自治区、直辖市、计划单列市科技行政管理部门同本级财政、税务部门组成本地区高新技术企业认定管理机构。认定机构下设办公室，由省级、计划单列市科技、财政、税务部门相关人员组成，办公室设在省级、计划单列市科技行政主管部门
6	《科技部 财政部 国家税务总局关于修订印发〈高新技术企业认定管理工作指引〉的通知》	国科发火〔2016〕195号	

第三节　近期支持高新技术企业发展政策体系

一、国家层面

1. 税收优惠

为节省企业运营成本，减轻税费负担，国家围绕企业所得税、技术转让所得企业所得税减免、延长亏损结转年限、固定资产加速折旧等出台系列政策支持高新技术企业，通过

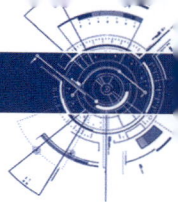

提升研发费加计扣除比例引导高新技术企业加大研发投入，同时通过职工教育经费支出、个人所得税分期缴纳等支持高新技术企业引进人才，提升人才职业技能，多方面给予高新技术企业税收优惠，多方面减轻高新技术企业运营负担（见表2－5）。

（1）企业所得税方面。

2007年3月16日第十届全国人民代表大会第五次会议通过的《中华人民共和国企业所得税法》对高新技术企业发展影响深远，首次提出"国家需要重点扶持的高新技术企业，减按15%的税率征收企业所得税"。目前，国家高新技术企业仍然继续沿用15%企业所得税税率。

（2）其他税收优惠方面。

在技术转让所得企业所得税减免方面，《中华人民共和国企业所得税法实施条例》第九十条规定："企业所得税法第二十七条第（四）项所称符合条件的技术转让所得免征、减征企业所得税，是指一个纳税年度内，居民企业技术转让所得不超过500万元的部分，免征企业所得税；超过500万元的部分，减半征收企业所得税。"

在延长亏损结转年限方面，《关于延长高新技术企业和科技型中小企业亏损结转年限的通知》（财税〔2018〕76号）第一条规定："自2018年1月1日起，当年具备高新技术企业或科技型中小企业资格（以下统称资格）的企业，其具备资格年度之前5个年度发生的尚未弥补完的亏损，准予结转以后年度弥补，最长结转年限由5年延长至10年。"

在研发费加计扣除方面，科技部、财政部、国家税务总局出台《科技部　财政部　国家税务总局关于进一步做好企业研发费用加计扣除政策落实工作的通知》（国科发政〔2017〕211号）。根据《财政部　税务总局　科技部关于提高研究开发费用税前加计扣除比例的通知》（财税〔2018〕99号）规定："企业开展研发活动中实际发生的研发费用，未形成无形资产计入当期损益的，在按规定据实扣除的基础上，在2018年1月1日至2020年12月31日期间，再按照实际发生额的75%在税前加计扣除；形成无形资产的，在上述期间按照无形资产成本的175%在税前摊销。"根据《关于进一步完善研发费用税前加计扣除政策的公告》（财政部　税务总局公告2021年第13号）规定："制造业企业开展研发活动中实际发生的研发费用，未形成无形资产计入当期损益的，在按规定据实扣除的基础上，自2021年1月1日起，再按照实际发生额的100%在税前加计扣除；形成无形资产的，自2021年1月1日起，按照无形资产成本的200%在税前摊销。"

在固定资产加速折旧方面，《关于设备器具扣除有关企业所得税政策的通知》（财税〔2018〕54号）第一条规定："企业在2018年1月1日至2020年12月31日期间新购进的设备、器具，单位价值不超过500万元的，允许一次性计入当期成本费用在计算应纳税所得额时扣除，不再分年度计算折旧。"

在职工教育经费支出方面，《财政部　国家税务总局关于高新技术企业职工教育经费税前扣除政策的通知》（财税〔2015〕63号）规定，自2015年1月1日起，"高新技术企业发生的职工教育经费支出，不超过工资薪金总额8%的部分，准予在计算企业所得税应纳税所得额时扣除；超过部分，准予在以后纳税年度结转扣除"。

在个人所得税分期缴纳方面，《关于将国家自主创新示范区有关税收试点政策推广到全国范围实施的通知》（财税〔2015〕116号）规定，"自2016年1月1日起，全国范围内的中小高新技术企业以未分配利润、盈余公积、资本公积向个人股东转增股本时，个人股东一次缴纳个人所得税确有困难的，可根据实际情况自行制定分期缴税计划，在不超过5个公历年度内（含）分期缴纳"，"个人股东获得转增的股本，应按照'利息、股息、红利所得'项目，适用20%税率征收个人所得税"。

该文件还规定，"自2016年1月1日起，全国范围内的高新技术企业转化科技成果，给予本企业相关技术人员的股权奖励，个人一次缴纳税款有困难的，可根据实际情况自行制定分期缴税计划，在不超过5个公历年度内（含）分期缴纳"，"个人获得股权奖励时，按照'工资薪金所得'项目参照《财政部　国家税务总局关于个人股票期权所得征收个人所得税问题的通知》（财税〔2005〕35号）有关规定计算确定应纳税额"。

表2-5　国家支持高新技术企业税收优惠主要政策文件

文件名称	文号	主要措施
《中华人民共和国企业所得税法》	—	国家需要重点扶持的高新技术企业，减按15%的税率征收企业所得税
《中华人民共和国企业所得税法实施条例》	—	符合条件的技术转让所得免征、减征企业所得税，是指一个纳税年度内，居民企业技术转让所得不超过500万元的部分，免征企业所得税；超过500万元的部分，减半征收企业所得税
《关于延长高新技术企业和科技型中小企业亏损结转年限的通知》	财税〔2018〕76号	自2018年1月1日起，当年具备高新技术企业或科技型中小企业资格（以下统称资格）的企业，其具备资格年度之前5个年度发生的尚未弥补完的亏损，准予结转以后年度弥补，最长结转年限由5年延长至10年
《关于进一步完善研发费用税前加计扣除政策的公告》	2021年第13号	制造业企业开展研发活动中实际发生的研发费用，未形成无形资产计入当期损益的，在按规定据实扣除的基础上，自2021年1月1日起，再按照实际发生额的100%在税前加计扣除；形成无形资产的，自2021年1月1日起，按照无形资产成本的200%在税前摊销
《财政部　税务总局　科技部关于提高研究开发费用税前加计扣除比例的通知》	财税〔2018〕99号	企业开展研发活动中实际发生的研发费用，未形成无形资产计入当期损益的，在按规定据实扣除的基础上，在2018年1月1日至2020年12月31日期间，再按照实际发生额的75%在税前加计扣除；形成无形资产的，在上述期间按照无形资产成本的175%在税前摊销

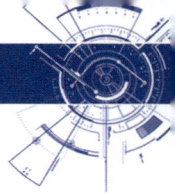

（续上表）

文件名称	文号	主要措施
《关于设备器具扣除有关企业所得税政策的通知》	财税〔2018〕54 号	企业在 2018 年 1 月 1 日至 2020 年 12 月 31 日期间新购进的设备、器具，单位价值不超过 500 万元的，允许一次性计入当期成本费用在计算应纳税所得额时扣除，不再分年度计算折旧
《财政部　国家税务总局关于高新技术企业职工教育经费税前扣除政策的通知》	财税〔2015〕63 号	自 2015 年 1 月 1 日起，高新技术企业发生的职工教育经费支出，不超过工资薪金总额 8% 的部分，准予在计算企业所得税应纳税所得额时扣除；超过部分，准予在以后纳税年度结转扣除
《关于将国家自主创新示范区有关税收试点政策推广到全国范围实施的通知》	财税〔2015〕116 号	自 2016 年 1 月 1 日起，全国范围内的中小高新技术企业以未分配利润、盈余公积、资本公积向个人股东转增股本时，个人股东一次缴纳个人所得税确有困难的，可根据实际情况自行制定分期缴税计划，在不超过 5 个公历年度内（含）分期缴纳；个人股东获得转增的股本，应按照"利息、股息、红利所得"项目，适用 20% 税率征收个人所得税
		自 2016 年 1 月 1 日起，全国范围内的高新技术企业转化科技成果，给予本企业相关技术人员的股权奖励，个人一次缴纳税款有困难的，可根据实际情况自行制定分期缴税计划，在不超过 5 个公历年度内（含）分期缴纳；个人获得股权奖励时，按照"工资薪金所得"项目参照《财政部　国家税务总局关于个人股票期权所得征收个人所得税问题的通知》（财税〔2005〕35 号）有关规定计算确定应纳税额

二、地方层面

近年来，上海、广东、江苏、浙江、湖北等创新发展领先地区陆续出台支持高新技术企业发展的综合性或专项性政策文件（见表 2-6），同时各个地方职能部门配套出台落实文件，全面推动地区高新技术企业发展。

表 2-6　主要省市支持高新技术企业发展的纲领性政策文件

省/市	文件名称	文号
上海	《上海市人民政府关于加快本市高新技术企业发展的若干意见》	沪府发〔2018〕40 号
浙江	《浙江省人民政府关于全面加快科技创新推动高质量发展的若干意见》	浙政发〔2018〕43 号

（续上表）

省/市	文件名称	文号
江苏	《江苏省推进高新技术企业高质量发展若干政策》	苏政发〔2019〕41 号
广东	《关于进一步促进科技创新的若干政策措施》	粤府〔2019〕1 号
湖北	《进一步优化高新技术企业认定服务的措施》	鄂政办函〔2020〕33 号

党的十八大提出我国实施创新驱动发展战略，广东省将培育发展高新技术企业作为实施创新驱动发展战略的重要手段，加大对高新技术培育、认定环节的激励，延长了支持高新技术企业的链条。2014 年，广东省出台了全国第一个深化科技体制改革、实施创新驱动战略的顶层设计和纲领性文件——《中共广东省委 广东省人民政府关于全面深化科技体制改革、加快创新驱动发展的决定》（粤发〔2014〕12 号）。根据广东省委省政府的部署和要求，2015 年，广东省委办公厅、省府办公厅印发了《加快推进创新驱动发展重点工作方案（2015—2017 年）》，将高新技术企业培育作为实施创新驱动发展战略的重点任务。同年，广东省相继出台《高新技术企业培育实施方案》《高新技术企业培育资金管理办法（试行）》《广东省高新技术企业培育工作实施细则》，以财政奖补形式激励引导科技型中小企业进入培育库，在全国范围内率先开展高新技术培育认定奖励，同时，各个地市对高新技术企业认定给予相应的财政奖补，完善了高新技术企业支持的链条。2017 年，广东省出台《广东省科学技术厅关于印发广东省高新技术企业树标提质行动计划（2017—2020 年）的通知》推动高新技术企业数量规模持续壮大，创新能力显著提升，使高新技术企业成为支撑我省产业升级和经济发展的主力军。2019 年，广东省出台《关于进一步促进科技创新的若干政策措施》（粤府〔2019〕1 号），对当年通过高新技术企业认定、入库培育、新建研发机构的企业，省市财政给予一定奖励。

"十三五"期间，江苏、上海、浙江、湖北等主要省市分别以省政府、市政府名义颁布地区扶持政策。2018 年，上海相继发布《上海市人民政府关于加快本市高新技术企业发展的若干意见》（沪府发〔2018〕40 号）以及《上海市高新技术企业入库培育实施细则（试行）》。浙江省印发《浙江省人民政府关于全面加快科技创新推动高质量发展若干意见》（浙政发〔2018〕43 号）（简称"科技新政 50 条"），把高新技术企业作为浙江省科技创新工作"一强三高"总目标的重中之重。自 2017 年起，江苏省相继印发《关于加快推进产业科技创新中心和创新型省份建设若干政策措施的通知》、《江苏省高新技术企业培育资金管理办法（试行）》、《江苏省推进高新技术企业高质量发展若干政策》（苏政发〔2019〕41 号），将现有企业研究开发费用、省级财政奖励资金整合入省级高新技术企业培育资金，规模扩大至 20 亿元并保持逐年增长，全面落实高质量发展要求，量质并举壮大高新技术企业集群。2020 年，湖北出台《进一步优化高新技术企业认定服务的措施》（鄂政办函〔2020〕33 号），旨在进一步优化营商环境，提升湖北省高新技术企业认定服务质量和效率，推动高新技术企业加快发展，促进湖北疫后重振、高质量发展。

江苏、北京、上海、浙江、湖北等主要省市重点采取八方面措施全方位支持高新技术企业发展。

第一，高新技术企业入库培育奖补。2019 年起，江苏对处于培育期的入库企业根据其对经济社会发展的实际贡献，省财政按一定比例给予奖励；有条件的市、县（市、区）按一定比例奖励企业，用于企业进一步加大研发投入。2018 年起，上海对入库培育企业给予一次性资金支持，支持额度按照企业上一年度发生的研发费用 10% 确定，最低 20 万元，最高 200 万元。

第二，高新技术企业认定奖补。2018 年起，北京启动高新技术企业培育工作，在企业出库（即认定为高新技术企业）一次性给予不超过 100 万元资金支持。2019 年起，江苏对首次认定高新技术企业实施一次性财政奖补，奖补额不低于 30 万元/家。

第三，市（县、区）培育工作财政奖补激励。浙江整合设立了 5 亿元中小企业发展专项，按照高新技术企业、科技型中小企业、国家级和省级孵化器建设等绩效激励因素对优秀市县进行奖励补助；实施高新技术产业地方税收增量返还奖励政策，经国家认定的高新技术企业的所得税（地方部分）增收上缴省当年增量部分，全额返还所在市县。江苏把高新技术企业数量、规上企业中高新技术企业数量占比等指标作为高新区奖补资金分配主要因素，市县可按高新区上缴的财政收入，对高新区给予 5%～10% 的奖励。

第四，企业研发费用财政奖补。江苏对通过评价的科技型中小企业在全面执行国家研发费用 175% 税前加计扣除政策基础上，有条件的高新区、其他各类开发区、市（县、区）可再按研发费用加计扣除额的 25% 给予财政奖补。

第五，支持高新技术企业核心技术攻关。江苏规定高新技术企业承担国家重大项目和重要标准，省市要积极支持；省重大项目由高新技术企业承担的比例不低于 70%。

第六，高新技术企业挂牌上市奖补。江苏对拟在"科创板"上市的高新技术企业，省财政在企业取得辅导备案受理通知书、企业完成辅导备案、企业递交申报材料进程中，分阶段逐渐加大比例给予总额 300 万元以内的资金补助；对在区域股权交易中心挂牌交易的高新技术企业，给予 30 万元奖补。

第七，深化完善科技创新券制度。浙江建设长三角区域科技资源开放共享平台，推进科技创新券长三角区域范围内通用通兑，拓宽科技创新券用途。省财政对提供服务的省级创新载体，按照政策支持范围内上年度实际兑付总额给予不超过 30% 补助。

第八，高企培育认定工作考核。江苏把新增高新技术企业纳入《设区市高质量发展年度考核指标与实施办法》，通过加大考核力度，推动地方将高企培育列为"一把手"工程；把高新技术企业数量及规上企业中高新技术企业数量占比作为省级高新区申报前提，作为高新区创新驱动发展综合评价指标体系主要指标。湖北提出省财政根据高新技术企业认定和市、县奖补情况，在支持市（州）和县域高质量发展激励性转移支付中，按市、县实际奖补额度的 50% 给予支持。

在地方支持高新技术企业发展过程中，各省市注重发挥多层级联动效应，重视发挥省、市、区各部门积极性，合力推动高新技术企业发展。2018 年，在培育工作带动下，北京各区相继设立配套资金，用于企业培育工作。如顺义区，对区内首次获得认定的高新技术企业给予 30 万元资金支持；江苏支持市、县（市、区）设立企业研究开发费用财政奖励资金，对企业研发投入给予普惠性财政奖励，推动各市、县（市、区）设立高新技术企业培育资金，根据地方培育资金兑现情况，省级高新技术企业培育资金对纳入省高新技术企业培育库的企业给予培育奖励；省与各市、县（市、区）按照联动的原则，给予入库培育首次认定为高新技术企业的企业不低于 30 万元的培育奖励，其中省级奖励额度不低于 15 万元，支持其开展新产品、新技术、新工艺、新业态等领域创新活动；浙江建立科技型企业数据库和高新技术企业后备库，支持有条件的地方对企业入库、成长为高新技术企业的企业分别给予 20 万元以上的财政奖励。

以江苏省南京市江城区高新技术企业为例，据不完全统计，当地高新技术企业除了享受国家面向高新技术企业出台的税收优惠政策，还可以享受省市区三级配套支持（见表 2-7）。以江苏省南京市江北新区的高新技术企业为例，企业首次认定成为高新技术企业，即可以获得 130 万元左右的财政补助，也就是仅在认定环节，部分省市面向高新技术企业的普惠性支持力度就非常大（见表 2-8）。需要指出的是全国各地创新发展的阶段不同，并不是所有地方都已经建立了完整的支持高新技术企业发展的链条，但全国各地支持高新技术企业发展基本形成趋势是由创新先进地区形成引领示范作用，创新后进地区学习效仿先进地区，同时根据不同的发展阶段采取支持高新技术企业的措施。

表 2-7　江苏省南京市江城区高新技术企业主要优惠政策文件

支持手段	层级	文件名称	文号
税收优惠	国家级	《高新技术企业认定管理办法》	国科发火〔2016〕32 号
财政支持	省级	《江苏省推进高新技术企业高质量发展若干政策》	苏政发〔2019〕41 号
	市级	《南京市高新技术企业培育奖励实施细则（试行）》	—
	区级	《南京江北新区高新技术企业培育支持办法（试行）》	宁新区委发〔2017〕6 号

表 2-8　江苏省南京市江北新区高新技术企业认定环节财政奖补情况

政策文件	政策条文依据	奖励金额
《江苏省推进高新技术企业高质量发展若干政策》	省与各市、县（市、区）按照联动的原则，给予入库培育首次认定为高新技术企业的企业不低于 30 万元的培育奖励，其中省级奖励额度不低于 15 万元，支持其开展新产品、新技术、新工艺、新业态等领域创新活动	不低于 30 万元
《南京市高新技术企业培育奖励实施细则（试行）》	第三条　在我市注册纳税的企业，只要在下列支持的范围内，均有资格享受该专项资金支持。 （三）首次通过高新技术企业认定的给予 50 万元奖励	50 万元
《南京江北新区高新技术企业培育支持办法（试行）》	第三条　对在南京江北新区范围内注册，具有独立法人资格，并于 2016 年 8 月 1 日后首次通过省级高新技术企业（后备）认定或国家高新技术企业认定的企业，给予研发投入补助。 （二）通过国家高新技术企业认定的企业，按照认定前一年研发支出 20% 比例给予一次性奖励，最高不超过 50 万元	最高不超过 50 万元

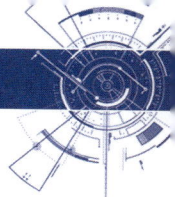

三、各级政府高新技术企业政策体系

目前，国家以及地方各级政府已经形成"多层级、全链条、全方位、多维度"支持高新技术企业政策体系（见图2-1）。一是目前国家及地方支持高新技术企业发展已经覆盖了"高新技术企业培育—高新技术企业认定—高新技术企业高质量发展"全链条的各个环节；二是国家、省、市以及部分发达县（区）根据自身职能及掌握的资源加大力度支持高新技术企业发展，形成立体化支持体系；三是通过税收奖补、财政支持、创新服务等方式，减轻高新技术企业运营负担，引导资金、人才、成果等高端创新资源集聚高新技术企业；四是国家及地方支持高新技术企业兼顾竞争性和普惠性，尽可能扩大政策覆盖面，释放政策红利。

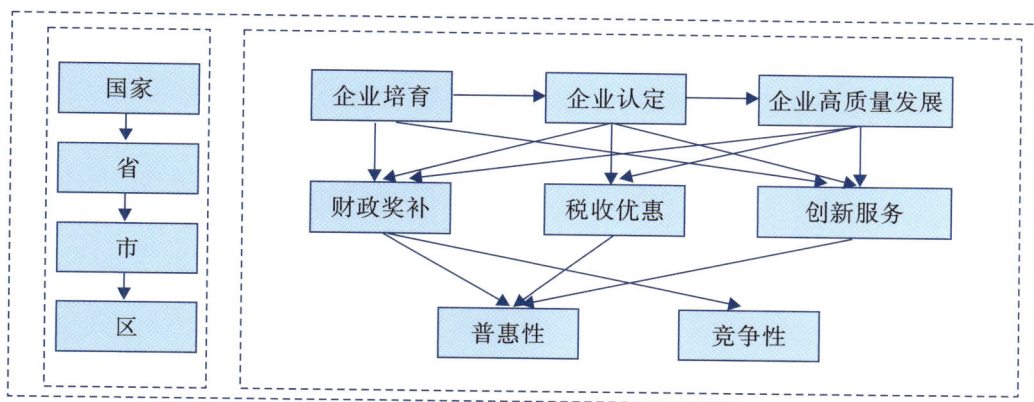

图2-1　各级政府支持高新技术企业政策体系

第四节　高新技术企业发展现状

2008年以来，高新技术企业统一全国认定标准，全国各地坚持培育高新技术企业，不断壮大我国高新技术企业队伍，2020年，高新技术企业数量达到269 896家，是2008年的5.24倍。

1. 人员投入情况

2016—2020年，全国高新技术企业职工总数和科技人员数量年均增长率分别达到13.07%和11.91%。2020年，全国高新技术企业职工总数和科技人员数量分别达到3 859万人和916万人（见图2-2），科技人员在职工总数中的占比为23.74%，同比下降1.11%。

图 2 - 2　2016—2020 年全国高新技术企业职工总数和科技人员情况

2. 科技活动经费投入情况

2016—2020 年，高新技术企业科技活动经费投入年均增长率达到 21.51%；户均科技活动经费投入持续下降，从 2016 年的 1 264.2 万元/户下降到 2020 年的 1 021 万元/户，年均下降率达到 5.2%；人均科技活动经费投入总体呈上升趋势，从 2016 年的 5.4 亿元/万人上升至 2020 年的 7.1 亿元/万人，年均增长率达到 7.08%。2020 年，全国高新技术企业科技活动经费投入 27 556.9 亿元，同比增长 12.21%（见图 2 - 3），科技活动经费投入在营业收入中的占比为 5.29%，同比下降 2.84%。

图 2 - 3　2016—2020 年全国高新技术企业科技活动经费投入情况

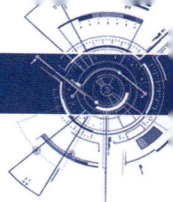

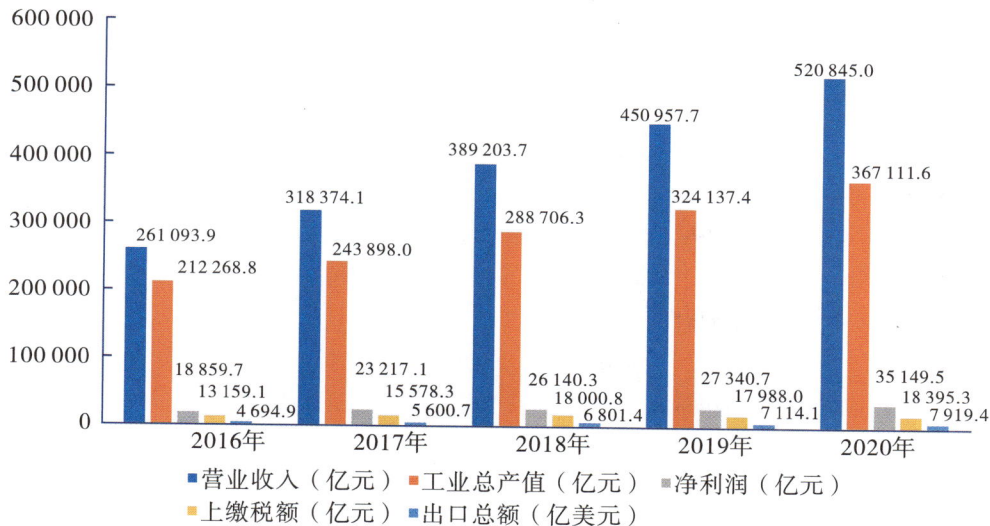

图 2-4 2016—2020 年全国高新技术企业经营情况

3. 营业收入情况

2016—2020 年，高新技术企业营业收入年均增长率达到 18.84%；户均营业收入持续下降，从 2016 年的 2.6 亿元/户下降到 2020 年的 1.9 亿元/户，年均下降率达到 7.54%；人均营业收入持续上升，从 2016 年的 110.6 亿元/万人上升至 2020 年的 135 亿元/万人，年均增长率达到 5.11%。2020 年，全国高新技术企业营业收入 520 845 亿元，同比增长 15.5%（见图 2-4）。

4. 净利润情况

2016—2020 年，高新技术企业净利润年均增长率达到 16.84%；户均净利润持续下降，从 2016 年的 1 885.7 万元/户下降到 2020 年的 1 302.3 万元/户，年均下降率达到 8.84%；人均净利润总体呈 N 形发展趋势，从 2016 年的 8 亿元/万人上升至 2020 年的 9.1 亿元/万人，年均增长率达到 3.27%。2020 年，全国高新技术企业净利润达到 35 149.5 亿元，同比增长 28.56%。净利润在营业收入中的占比为 6.75%，同比增长 11.31%（见图 2-4）。

5. 上缴税额情况

2016—2020 年，高新技术企业上缴税额年均增长率达到 8.74%；户均上缴税额持续下降，从 2016 年的 1 315.8 万元/户下降到 2020 年的 681.6 万元/户，年均下降率达到 15.16%；人均上缴税额总体呈倒 V 形发展趋势，从 2016 年的 5.57 亿元/万人下降至 2020 年的 4.77 亿元/万人，年均下降率达到 3.8%。2020 年，高新技术企业实际上缴税费 18 395.3 亿元，同比增长 2.26%（见图 2-4）。

6. 工业总产值情况

2016—2020 年，高新技术企业工业总产值年均增长率达到 14.68%；户均工业总产值持续下降，从 2016 年的 2.1 亿元/户下降到 2020 年的 1.4 亿元/户，年均下降率达到 9.64%；人均工业总产值总体呈上升趋势，从 2016 年的 89.9 亿元/万人上升至 2020 年的

95.1亿元/万人，年均增长率达到1.42%。2020年，全国高新技术企业工业总产值367 111.6亿元，同比增长13.26%（见图2-4）。

7. 出口总额情况

2016—2020年，高新技术企业出口总额年均增长率达到13.96%；户均出口总额持续下降，从2016年的469.4万美元/户下降到2020年的293.4万美元/户，年均下降率达到11.08%；人均出口总额总体呈倒V形发展趋势，从2016年的2亿美元/万人上升至2020年的2.1亿美元/万人，年均增长率达到0.79%。2020年，全国高新技术企业出口总额7 919.4亿美元，同比增长11.32%（见图2-4）。

第三章

广东省高新技术企业发展政策

第一节　广东省高新技术企业发展政策历程

一、对外开放快速起步阶段（1979 年至 1987 年）

1979 年 7 月 15 日，中共中央、国务院决定先在深圳、珠海划出部分地区试办出口特区，1980 年 8 月 26 日，全国人大常委会颁布了《广东省经济特区条例》。以深圳特区、珠海特区建设启动为标志，中央给予广东对外经济开放先行先试的政策优势。同时广东凭借紧邻港澳台独特优势，是我国对接境外技术、管理、知识的窗口，又是我国引进外资前沿、对外出口大省，对外贸易额持续快速增长，通过发展"三来一补"劳动密集型企业等方式，涌现了一大批生产高新技术产品的企业，并初步形成高新技术产业集群。1985 年 7 月，广东省委省政府积极响应国家科委设想，在深圳特区建立了中国第一个高新技术产业开发区，标志着广东发展高新技术产业已经初步形成了产业集聚，成为我国高新技术产业发展领头羊。

华为、TCL、美的等代表性高企也是在这个阶段应运而生。美的商标于 1981 年注册，美的空调设备厂于 1985 年创立，开始组装生产窗式空调机，成为国内最早生产空调的企业之一。TCL 创立于 1981 年，1986 年生产了中国第一台免提式按键电话，中国第一台 28 英寸彩色电视机也是由其生产。华为创立于 1987 年，逐步从代理销售用户交换机（PBX）产品转变为研发生产用户交换机产品。当年创立的这些企业，经过多年创新发展，已成为我国高新技术产业领军企业。

二、多元化政策集成推广阶段（1988 年至 1998 年）

1988 年，国家科委启动火炬计划，颁布了《关于高技术、新技术企业认定条件和标准的暂行规定》；1991 年，国务院发布《国家高新技术产业开发区高新技术企业认定条件和办法》，授权国家科委在国家高新区内开展高新技术企业认定工作，并配套制定了财政、税收、金融、贸易等一系列优惠政策；1996 年，高新技术企业认定范围打破了地区限制，由高新区内扩展到高新区外。根据国家政策，广东省高新技术企业认定、发展正式启动。凭借良好产业基础，相关优惠政策有力促进了全省高新技术企业的发展。

1991 年，广东省委省政府召开全省科技工作大会，提出发展科学技术应放在经济和社会发展首要位置，出台了《关于依靠科技进步推动经济发展决定》，通过科技体制改革，鼓励科研院所科技成果转化，通过国家级、省级"火炬计划""科技攻关计划""技术开发计划"和高新技术产业项目资金、减免税的政策，促进高新技术产业发展。1992 年广东省科委出台《广东省国家高新技术产业开发区若干政策的实施办法》，明确对高新技术

企业给予银行信贷、固定资产折旧、进出口、税收、用人用地等方面的优惠政策，并且对各高新区建设保税仓库、保税工厂给予政策支持。1993 年和 1997 年广东省委省政府制定了《关于扶持高新技术产业发展的若干规定》《关于进一步扶持高新技术产业发展的若干规定》，从高新技术产业运行机制、高新区管理机制、财政扶持资金、税收政策、进出口监管、建设用地、国际合作交流七个方面做出了 33 项政策规定，扶持政策涵盖高新技术企业优惠政策、产业集群载体建设、产业发展要素、财政政策、对外政策等，扶持高新技术产业发展政策体系得到进一步完善。这一阶段，广东省高新技术产业加速发展，建设了广州、中山两个国家级高新区，珠三角高新技术产业带被批准为全国高新技术产业带，一批省级高新区也在加快培育形成，吸引了一大批高新技术项目入区。

在这个阶段，广东省持续涌现大批优秀高企。以质量优良闻名全球的格力电器创立于 1991 年，该企业始终坚持以技术创新、制度创新促进产品质量提升，1995 年格力空调的产销量一举跃居全国同行第一。金发科技于 1993 年在天河科技东街创立，开启其高性能改性塑料产品的研发生产龙头之旅，1994 年实现产品规模化生产，1998 年建立了生产基地和研发中心，为"创世界品牌，建百年金发"的愿景目标奠定了基础。1997 年珠三角地区高新技术企业 604 家，生产高新技术产品企业 959 家，产值为 1 038 亿元，年出口值为 424 亿元，高新技术企业作为骨干，带动了全省高新技术产业发展。

三、强化企业自主创新能力阶段（1999 年至 2011 年）

1999 年科学技术部修订出台《国家高新技术产业开发区高新技术企业认定条件和办法》，高新技术企业认定标准条件更为严格，条件与《高新技术产品目录》挂钩，规定了研发投入要求，明确了研发人员比例、科技人员比例、高新技术收入比例。2008 年科技部、财政部、国家税务总局颁布新制定的《高新技术企业认定管理办法》，新办法突出强调企业创新，将企业研发投入强度、研发活动、自主知识产权列为认定评价的核心指标。由此，广东省高新技术企业认定发展的导向由高新技术产品生产型企业向高新技术研发创新企业转变，高新技术企业作为区域技术创新主体地位不断加强，成为广东省调整优化经济结构主力军，加快了广东省经济发展方式转变。

1999 年广东省发布《广东省发展四大高新技术产业实施方案》《广东省加快高新技术产业开发区及珠江三角洲高新技术产业带建设方案》，2000 年广东省委省政府颁发了《贯彻〈中共中央国务院关于加强技术创新，发展高科技，实现产业化的决定〉的通知》，进一步落实高新区经济管理权，鼓励高校建立科技园，依托高新区、珠三角高新技术产业带，围绕电子信息、生物技术、新材料、光机电一体化等重点产业，鼓励企业加强技术创新，发展高新技术企业（集团），加强知识产权保护，完善成果转化的投融资体系，这标志着广东省进入通过内生技术创新促进高新技术产业、全省经济发展新阶段。2004 年广东省政府出台《广东省人民政府关于推动我省高新技术产业持续快速健康发展的意见》，2005 年广东省委省政府出台《关于提高自主创新能力提升产业竞争力的决定》，广东省通过集中力量突破重点领域核心技术、提高企业自主创新能力、发挥高校科研院所作用、大力推动产学研成果转化、整合利用全球创新资源、实施知识产权战略等方面一系列部署，进入全面培育高新技术企业、高新技术产业的自主创新能力新阶段。

在这个阶段，广东省高企数量保持在全国前列，不仅华为、美的、格力、金发科技等一批自主创新能力强的高企加快成长为行业龙头，海思、腾讯、大疆创新也在这时创立并快速发展，带动了全省高新技术产业进入新发展高潮时期。2007 年广东省高企已经达到了 5 119 家，2011 年广东省高企是 5 591 家，居全国各省市第二，仅次于北京。2011 年与 2007 年相比，广东高企数量增长变化不大，主要是因为 2008 年国家修订了高企认定办法，企业研发投入、科技人员比例、知识产权产出等方面认定标准提高了，认定的高企具有更强的自主创新能力。

四、高新技术企业群体加速壮大阶段（2012 年至 2016 年）

2012 年，党的十八大明确强调要坚持走中国特色自主创新道路，实施创新驱动发展战略。2014 年广东省发布《中共广东省委广东省人民政府关于全面深化科技体制改革　加快创新驱动发展的决定》，明确创新驱动发展作为广东省经济社会发展的核心战略，并做出了一系列部署，其中包括强化企业技术创新主体地位，实施重大科技专项，抢占高新技术产业与战略性新兴产业技术制高点，以先进技术和新业态改造提升传统产业，发展知识密集、技术密集、人才密集为特征的新兴业态产业等。同年，广东省科技厅出台《广东省重大科技专项总体实施方案（2014—2018 年）》，通过组织实施重大科技专项项目，在重点新兴产业的核心技术上"瞄准前沿、精心选择、突破重点、努力赶超"，形成约 40 个具有较强国际竞争力的新兴产业集群，建成一批高水平的研发及应用重大创新平台，大力推动高新技术产业进入创新驱动发展模式。2015 年广东省委省政府提出高新技术企业培育是实施创新驱动发展战略的"牛鼻子"、首要举措，同年广东省科技厅联合省财政厅制定了《贯彻落实创新驱动发展战略　全面促进高新技术企业培育的实施方案（2015—2017）》。2016 年科技部、财政部、国家税务总局修订发布了《高新技术企业认定管理办法》《高新技术企业认定管理工作指引》，通过修订完善研发投入比例、知识产权评价导向等，进一步加大对科技型中小企业创新支持力度，鼓励企业持续提升创新驱动发展能力。同年，广东省科技厅、广东省财政厅发布了《广东省高新技术企业培育工作实施细则》，省市县三级政府部门协同联动，通过制定培育奖补、技术攻关、研发机构建设、研发补助、人才引进等系列政策措施，扎实推进高新技术企业培育，大力引导科技型企业强化创新投入、创新人才、创新机制、知识产权战略。自 2016 年广东省高新技术企业总数首次跃升至全国第一后，广东省高层次企业创新主体领先优势不断扩大，全省高新技术产业、新兴产业切入以高企为主力军的创新驱动发展模式。

在系列支持企业自主创新政策推动下，2012 年全省高新技术企业达到 6 699 家，2014 年已经达到近 9 289 家，平均每年增加近 1 300 家，高新技术企业存量处于平稳较快增长阶段。此后，2015 年广东省实施高新技术企业培育政策，高新技术企业数量增长开始提速。2015 年全省高新技术企业达到 11 105 家，增长率接近 20%，当年增加 1 816 家。2016

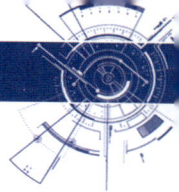

年，高新技术企业培育财政政策效应进一步释放，企业对标高新技术企业标准条件、认定高新技术企业的政策导向氛围进一步强化，当年高企存量达到 19 857 家，增长率达到 78.8%，一举跃升为全国第一。高水平企业创新主体群体壮大，推动广东省企业创新投入产出快速增长，也为广东省在后续五年连续获评"区域创新能力全国第一"奠定基础。

五、高新技术企业高质量发展阶段（2017 年至今）

2017 年，习近平总书记在第十八届中央委员会上作报告，首次提出了"建设现代化经济体系"，指出我国经济已由高速增长阶段转向高质量发展阶段，建设现代化经济体系是跨越关口的迫切要求和我国发展的战略目标。2017 年，广东省科技厅出台《广东省高新技术企业树标提质行动计划（2017—2020 年）》（粤科高字〔2017〕129 号），明确强调全省高新技术企业发展坚持数量扩张与质量提升并举、壮大规模与提高创新能力并重，努力把高新技术企业数量优势转变为经济发展优势。该行动计划方案的目标、重点任务不再是强调高新技术企业数量导向，而是旨在把广东省高新技术企业的数量优势转化为经济发展优势，引领全省经济高质量发展。同年，结合省高新技术企业树标提质行动计划，广东省科技厅出台了《广东省推进企业研发机构建设行动方案》《广东省促进科技企业挂牌上市专项行动方案》。《广东省推进企业研发机构建设行动方案》重点支持科技型中小企业设立研发机构，大力提高企业研发机构覆盖率，提高企业研发机构层次和水平。《广东省促进科技企业挂牌上市专项行动方案》旨在完善推动科技企业挂牌上市工作机制，以科技企业挂牌上市数据库为基础，搭建科技企业技术创新支撑平台和投融资服务体系，分类筛选挂牌上市科技企业，加强科技企业挂牌上市的辅导培育，推动科技企业对接不同层次的资本，赋能科技型企业高质量发展。

2019 年，为了充分发挥科技创新对经济社会发展的支撑引领作用，广东省人民政府出台了《关于进一步促进科技创新的若干政策措施》（粤府〔2019〕1 号），进一步强化了企业创新普惠性支持政策导向，在执行国家研发费用税前加计扣除 75% 政策基础上，鼓励对评价入库的科技型中小企业增按 25% 研发费用税前加计扣除标准给予奖补的政策，鼓励科技型企业加大研发投入。与此同时，《关于进一步促进科技创新的若干政策措施》在创新人才引进培育、科技成果转化、科技金融融合、高新区改革创新发展等方面，出台系列面向科技型企业改革性政策措施，为全面推进广东省高新技术企业树标提质行动计划营造了良好的政策环境。2019 年，为有效激发高新区新一轮创新发展活力，促进高新区高质量发展，广东省人民政府出台《广东省人民政府关于促进高新技术产业开发区高质量发展的意见》（粤府〔2019〕28 号），强调全省各高新区聚焦高新技术企业，壮大战略性新兴产业，围绕主导产业打造高新技术企业集群，不断提升园区高新技术企业集聚度，构建大企业创新创业生态圈，孵化培育产业链上下游高新技术企业，不断壮大高新区的创新型产业集群。

在这一阶段，广东省高企数量规模始终保持在全国各省市第一位，2020 年全省高企存量达 5.3 万家，约占全国的五分之一，境内外上市挂牌企业 2 157 家，境外研发机构、境

外营销服务机构、境外生产制造基地分别达到 475 家、3 314 家、186 家。2020 年全省高企科技活动人员总数 172.9 万人，科技活动费用投入强度达到 6.4%，拥有发明专利达 36.6 万件；全省高企营业收入达到 9.3 万亿元，净利润近 6 600 亿元，出口总额突破 1.7 万亿元，同比增长 12%、16%、12%；高企户均营业收入、户均净利润分别是 1.7 亿元、1 435.9 万元，同比增长 4.3%、11.7%。而受疫情冲击和全球经济下滑的影响，当年广东地区生产总值增速仅 2.3%。广东高企全球化布局和聚集国际创新资源特征持续强化，是提升区域创新能力、打造新发展格局的重要战略性科技支撑力量，引领了全省经济高质量发展。

第二节 广东省高新技术企业发展政策经验

广东省把培育发展高新技术企业作为创新驱动发展首要举措，实施高新技术企业树标提质行动计划，多维度推动高新技术企业高质量发展，积极推动广东省高新技术企业的数量优势转化为经济发展优势，大力发展战略性支柱产业和战略性新兴产业，促进现代产业体系加快形成。主要工作经验有以下九个方面：

一、各级政府高度重视推动

广东省委省政府高度重视科技创新驱动和高企培育工作，自 2015 年，广东省委省政府连续三年将开年后第一个全省性会议的主题定为创新驱动发展。广东省科技厅、省财政厅、省国税局、省地税局四部门在 2015 年联合印发《关于加强协作共同推进高企培育工作的通知》（粤科高字〔2015〕191 号）等文件，全面建立部门分工协作、共同推进的高企培育工作机制。2016 年在东莞召开全省高企培育工作会议，广东省委省政府主要领导均出席会议并作讲话，会后发布《广东省创新驱动发展工作考核实施办法》，在各项考核指标中，对于高企培育发展考核的权重分最高，把高企培育列为全省贯彻落实创新驱动发展战略的首要举措。2017 年，按照广东省委省政府部署，研究出台《广东省高新技术企业树标提质行动计划（2017—2020 年）》，在省级层面形成多维度的政策布局。与此同时，全省各地市把高企工作列为市委市政府重点工作，统筹协调全市相关部门力量，以创新考核、财政政策、服务措施为抓手，共同促进高企培育工作，推动高企高质量发展。

二、省市联动强化政策支持

2015—2017 年，广东省科技厅牵头，每年均制定出台支持高企发展政策文件。2015 年，广东省科技厅联合广东省财政厅出台《贯彻落实创新驱动发展战略　全面促进高新技术企业培育的实施方案（2015—2017）》，建立广东高新技术企业培育库，设立 3 年 60 亿

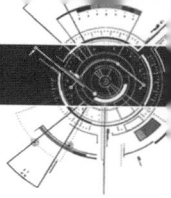

元的高新技术企业培育专项资金，结合入库培育企业应税所得额情况，实行 10 万 ~ 500 万元财政奖补，以财政政策引导科技型企业对标高新技术企业，培育壮大高新技术企业群体。2016 年，在总结 2015 年高企培育政策实施经验的基础上，修订出台《广东省高新技术企业培育工作实施细则》，对入库企业实施 30 万 ~ 300 万元奖补，调高入库奖补最低标准，引导更多科技型中小企业入库对标高企标准条件。2017 年制定《广东省高新技术企业树标提质行动计划（2017—2020 年）》，统筹推进高企群体规模、高企创新能力建设、高企成果转化、高企科技金融体系、标杆高企等多个方面。在地市层面，为了支持企业对标培育高企，各地市系列支持高企培育、高企树标提质的政策，政策维度多元化，培育认定奖补政策与创新发展支持政策结合。如广州、深圳、佛山、江门、河源、惠州、湛江、肇庆等地市围绕高企发展各创新要素，突出对研究开发投入、知识产权、成果转化、研发机构设立、高新技术产品等方面的财政扶持；珠海、肇庆、潮州、东莞、湛江、韶关等地市结合当地科技经济发展特点，强调对于优势产业领域高企引进的奖补；广州、珠海、东莞、佛山、惠州、肇庆等地市突出对高企创新人才团队引进和落户的政策支持；东莞、佛山制定了高企产业用地方面的优惠政策；广州、佛山、江门、韶关制定了对于高企发展风险投资方面的引导政策。

三、多层级多部门协同推进

围绕高企培育，建立高企培育库入库、出库的各种管理流程和工作机制，全面加强政策宣贯与服务，形成各级科技财政税务部门协调共抓，多流程严管严抓的工作流程，有序推进高企培育工作的开展。

（1）广东全省各市均已建立省市县（区）各级联动的高企培育工作机制，成立由科技部门牵头，财政、税务共同组成的高企培育工作机构，珠三角重点地市延伸至县（区或镇街）。各培育机构深入摸查辖区内企业创新发展情况，主动上门逐一进行诊断辅导，"一企一策"建立企业创新发展台账，针对高企认定要素，评估企业研发和创新能力，找准发展短板，提供精细化服务。

（2）建立高企认定、高企培育信息化管理系统，实现从申报、评审、认定、监管、监测的全流程信息化管理，营造公开透明的工作环境，大幅提高认定管理工作效率，强化企业创新发展服务能力。

（3）制定高企认定地市科技部门工作指引，压实地方科技部门认定管理工作职责，明确评审前由地方科技部门组织现场考察，出具推荐意见，在为企业服务的同时，严防企业弄虚作假，提升高企申报质量，确保高企认定质量。

（4）政府主导，从政策宣讲解读、高企遴选、材料审查、融资贷款等方面提供"一站式""保姆式"服务。同时，建立面向科技型企业的公益性服务平台，加强各类型科技创新发展的培训，吸引社会资源加入培育服务体系，推动创新资源和服务向企业集聚。

四、链条化加强高企群体规模培育

充分发挥财政资金在孵化载体建设、中小企业研发攻关方面支持作用，完善优化孵化链条，鼓励专业孵化器、产业孵化器建设，特别是支持龙头高企建设运营专业孵化器，牵头建立产业联盟，围绕产业链配套需求，带动中小微企业参与产业技术创新，实现技术、设备共享，孵化科技型中小企业，做大高企后备军群体。以高新技术企业培育库为抓手，发挥财政政策和创新发展考核引导作用，推动科技型企业入库培育，认定高企。鼓励珠三角地区龙头高新技术企业在粤东西北地区扩产新建产业园，促进粤东西北地区高新技术产业发展，做大粤东西北地区高企群体规模。

五、全面推进高企创新能力建设

扩大享受研发费用加计扣除税收优惠政策高新技术企业的覆盖面，激励高新技术企业加大研发投入。推进高企研发机构建设，支持高新技术企业建设各级工程技术研究开发中心、重点实验室、企业技术中心、新型研发机构和产业创新联盟等科技创新平台。充分发挥省、市科技计划项目引导作用，支持高企对标国内国外最优最好最先进，攻克关键核心共性技术。引导高新技术企业运用先进技术改进工艺、设备、产品，推动企业实行全方位的技术改造，促进高新技术企业扩产增效、智能化发展和节能减排。

六、大力推动高企成果转化

第一，积极推动高新技术企业探索开放型创新模式，加大财政政策支持力度，鼓励通过产学研合作、在境外设立研发机构或分公司、并购拥有核心技术的科技型企业或研发机构等方式，整合国内外创新资源，汇聚转化高水平科技成果。支持高新技术企业参与国际标准、规则制定，突破技术壁垒。支持高新技术企业通过产品出口、投资建立境外生产基地等方式开拓海外市场，参与"一带一路"倡议实施。支持高新技术企业通过各类知识产权交易运营平台，开展知识产权转化、运营工作。

第二，支持高新技术企业成果转化标准化评价及推介应用平台建设，依托华南技术转移中心打造互联网成果转化平台，为科技成果转化搭建好供求信息发布等公共服务平台，借助市场化手段，完善线上线下科技成果推广对接。支持高等院校、科研院所等建设科技成果转化服务机构，鼓励在珠三角国家自主创新示范区内建设技术转移服务平台。

第三，加大知识产权应用保护政策，支持高新技术企业通过研发获得PCT、欧美日知识产权和专利成果，对获得国家、省、市发明奖的高新技术企业，加强财政奖励引导。鼓励高新技术企业产学研合作，发挥高等院校、科研院所技术优势攻克产业技术难题，形成共享核心知识产权。建立重点行业、重点区域知识产权储备库、知识产权增值服务平台和

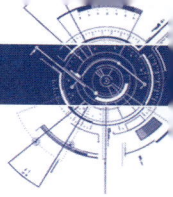

产业专利导航及预警体系，支持高新技术企业申报、应用知识产权。支持建立产业知识产权联盟，鼓励产业知识产权交叉许可和共享使用，坚决打击侵犯知识产权、假冒高新技术产品的行为。

第四，支持高新技术企业人才平台建设，鼓励高新技术企业引进、培养创新人才，尤其是高层次人才，省、市重大人才工程向高新技术企业倾斜，鼓励高新技术企业组建科技特派员工作站、院士工作站等。实施高新技术企业企业家培育工程，加大力度表彰优秀高新技术企业家，宣传其创新创业事迹，营造良好氛围。建立企业家联盟，组织国内外知名创新人才、专家学者与企业家交流合作，提升企业家创新发展能力和经营管理能力。各地市制定高新技术企业吸引高层次人才的住房、入户、子女教育、医疗等倾斜性政策，打造有利于高新技术企业汇聚国内外一流人才的政策高地。充分发挥高水平大学支撑作用，面向新兴产业，推动高水平大学重点加强科研结合、前沿学科高精尖人才队伍培育，提升人才培育规模与层次。

七、完善高企科技金融体系

第一，引导民间资本支持高新技术企业发展，增加高企发展金融资本供给。通过发挥省级财政资金的引导和杠杆效应，依托粤科金融集团建立省创新创业基金，引导社会资本建立子基金，组建社会化、市场化基金运作机制，支持高新技术企业科技成果产业化、股份制改造、国内外上市，收购兼并国内外拥有行业关键技术、知名品牌的企业，扩大产能、拓展海外业务。鼓励有条件的地市设立风投、创投基金，风险补偿基金，并购基金等，吸纳民间资本投资高新技术企业。

第二，降低中小型高新技术企业融资成本，增强企业创新发展效益。充分发挥各级融资担保风险补偿资金，降低银行对科技担保贷款的风险和高新技术企业融资担保成本。

第三，积极推动高新技术企业上市，支持高企做大做强。通过高新技术企业数据库，分类筛选拟挂牌上市高新技术企业，建立上市后备企业库，加强动态监测，及时提供各种专业化的服务。加强高成长性高新技术企业、中小微高新技术企业上市培育，通过投贷联动、财政奖补等方式，引导其开展股改、建立现代企业管理制度，尽快达到上市条件。加强广东省拟上市高新技术企业与深交所、上交所的对接，引导帮助企业快速进入 IPO 渠道，各地政府应对上市挂牌的高企给予财政奖励。培育资本市场中介服务机构，逐步建立一批具有创业孵化、评估咨询、法律、财务、投融资等功能的综合服务平台，为高新技术企业挂牌上市提供专业性服务。

八、以高企为主体打造高水平产业集群

加强粤港澳大湾区和广深科技创新走廊的高新技术企业招引和培育工作，加快完善创新环境，积极推进以高新技术企业为主体的新兴产业集群发展。推动各级高新区发挥创新资源集聚优势，培育高新技术企业，提高区内高新技术企业比重、高新技术企业工业增加

值占规模以上企业工业增加值的比例。以专业镇、特色产业基地为抓手，结合当地优势特色产业，有针对性地培育、引进高新技术企业，组建产业联盟。围绕核心技术、产业专利池、自主品牌、骨干高新技术企业等核心要素，打造具有国际竞争力的高新技术产业集群。

九、加快高新技术企业标杆建设与示范推广

第一，评选发布广东省标杆高新技术企业，支持各地市结合区域高新技术企业情况，评选发布区域优质高新技术企业名单。加强百强和优质企业扶持与示范推广。对百强和优质企业优先引导汇聚民间资本、技术、人才、项目与其对接。省、市联动宣传，推广高新技术企业百强优质的创新发展理念、创新机制，提升高新技术企业品牌效应，为全省企业创新发展提供示范。

第二，针对列入广东省高成长高新技术的企业，开展"独角兽企业"培育。引导创投等各类社会资本加大投资力度，鼓励各类科技计划倾斜性支持高新技术企业开展核心关键技术攻关。

第三，鼓励高新技术企业贯彻实施《企业知识产权管理规范》，提升企业知识产权制度运用水平。支持高新技术企业通过科技创新、质量管理、品牌战略，加强品牌和商标培育，培育更多具有较强竞争力的名企、名品、名标、名牌。

第三节　广东省高新技术企业创新服务

一、高企抗疫复产支持服务

面对 2020 年新冠肺炎疫情冲击，在全省聚力加强疫情防控攻坚阶段，广东省科技厅向全省科技型企业发出《关于进一步发挥科技型企业防控新型冠状病毒感染肺炎疫情主力军作用的倡议书》，协调近 200 家防疫治疫企业开展应急科研攻关、应急生产，涌现一批疫情防控科技成果。广东省各级科技部门面向科技型企业征集了 2 000 多项防治技术产品，金发科技、达安基因、珠海丽珠等高企以防疫物资应急扩产、抗疫医疗应急攻关、疾病控制新一代信息技术联防联控、捐赠物资等方式，在省内外疫情防控中发挥中坚作用。

在经济恢复阶段，受疫情和经济下行影响，民营企业产业链、供应链循环受阻，生产经营面临多重压力。为做好"六稳"工作，落实"六保"任务，广东省科技厅相继出台实施《关于强化科技攻关　实施科技惠企行动　支持疫情防控的若干措施》《关于在常态化疫情防控中强化科技创新服务　支撑创业就业的若干措施》，从企业、产业和就业方面实施系列支持政策。广东省市区财政资金累计投入超过 19 亿元，推动孵化载体为企业减

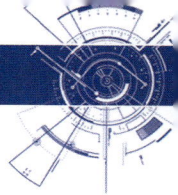

租降租超过 1.6 亿元，帮助企业获得贷款或授信超过 106 亿元。省市联动建立复工复产摸底调查跟踪服务机制，跟踪服务近 5 000 家科技型企业，摸清疫情期间民营企业发展面临的困难及政策诉求，通过组织专家支援专班、协调产业链企业复工复产、定向供应复工防疫物资、组织融资对接，推动相关企业加快复工复产。

二、组织高企服务团活动

广东省科技厅自 2020 年起，采取部省市联动方式，启动高企服务团系列活动，由厅级领导分别带团到各地市，面向各地市认定申报企业"上大课"解读申报政策，组织"一对一"诊断咨询服务，服务团活动广受地市和企业的好评。2021 年，广东省科技厅再次组织省高企服务团，进一步增强参与服务活动的机构力量，涵盖政策宣讲、专家服务、金融路演三个方面，活动内容实现线上线下相结合、大课集中宣讲与"一对一"精准服务相结合、认定申报服务和金融对接相结合、高企认定前与认定后服务相结合。

近两年来，在省高企服务团活动示范引导下，市县镇街各级科技部门采取专家诊断咨询、创新资源对接等多种方式加强企业创新服务，累计组织了线上线下近 60 场活动，服务企业超过 10 000 家。特别是省高企服务团 2020 年在东莞组织的外资企业服务专场，2021 年在珠海组织的港澳企业专场，是落实"六稳""六保"工作任务、加快粤港澳大湾区国际科技创新中心建设的具体举措。《科技日报》、广东电视台等 30 多家主流媒体对省高企服务活动报道达 70 次，相关报道及消息 6 次登上"学习强国"。

三、遴选创新标杆企业

按照《广东省高新技术企业树标提质行动计划（2017—2020 年)》，为促进标杆高新技术企业发展，广东省遴选发布标杆企业。2017 年，在广东省科技厅指导下，广东省技术经济研究发展中心遴选发布年度创新综合实力百强企业、税收贡献百强企业、成长百强企业等标杆高新技术企业；2020 年，遴选发布年度创新综合实力百强企业、成长千强企业。创新综合实力百强企业是指科技创新、企业规模、经营效益等方面综合成效突出的高新技术企业。成长千强企业是指已认定为高企的科技型中小企业中，拥有自主知识产权、呈现跳跃式发展态势的高成长企业。在省标杆高新技术企业遴选服务工作示范带动下，2018 年以来，珠海、佛山、中山、东莞等地市也开展市级标杆高企遴选服务工作。通过省市创新标杆企业遴选，建立创新企业标杆库，征集标杆企业案例，宣传企业创新发展成效，营造企业创新氛围，为加强高端成果资源、金融资本、科技人才、创新服务对接提供精准对接主体。

四、线上线下结合宣贯政策

依托微信公众号，建立"广东省高新技术企业服务平台"，聚焦高新技术企业开展政策宣贯，面向广大科技型企业推送发布科技政策、科技成果、科技金融、申报解答、研发费用归集等信息服务、解读视频。该公众号年均阅读量超过 40 万人次，成为广东省具有重要影响力、辐射面广的企业科技政策服务平台。特别是 2020 年疫情发生后，省科技厅、地市科技部门不仅在"广东科技""广东省高新技术企业服务平台"等微信公众号开展涉企科技政策宣贯，还探索运用"南方 ＋""腾讯乐享""腾讯会议"等各类线上平台，创新政策宣贯方式，通过在线直播、录推培训视频、政策解读信息、线上答疑等新形式，每年省市联动线上培训服务企业累计超过 50 万人次，提高了企业对高企、科技型中小企业、技术先进型服务企业等科技型企业政策的知晓度，鼓励更多符合条件的民营企业积极申报，享受政策优惠。

第四节　广东省主要地市高新技术企业发展政策

广东省各地市根据省委省政府关于高企培育、高企树标提质行动计划、高企高质量发展工作部署，进一步制定高企培育认定奖补、核心技术研发、企业创新平台建设、科技金融支持、人才培育引进、创新管理服务等相关配套政策，与省级层面高企支持政策形成完整体系，打造了引导企业创新政策环境。

一、高企培育认定奖补

广东省各地市均制定出台了高企培育、认定奖补政策，鼓励企业通过培育发展成为高企，壮大高水平企业创新主体，落实创新驱动发展战略。

广州实施高企认定资金奖励，引导企业加强研发投入、做大做强上规模。对当年度首次认定通过的高企，给予 20 万元奖励；当年度重新认定通过的高企，给予 10 万元奖励。推动规模以上企业加强自主创新发展为高企，支持高企壮大为规模以上企业。鼓励企业加大研发投入，对当年度认定的高企，根据企业申请认定时间上一年度向税务部门自行申报享受研发费税前加计扣除的金额给予额外奖励。企业申报金额在 1 000 万元（含）到 5 000 万元（不含）之间的额外奖励 20 万元，5 000 万元（含）到 1 亿元（不含）之间的额外奖励 40 万元，达到 1 亿元（含）以上的额外奖励 70 万元。对高新技术企业首次纳入国民经济统计"四上"企业库（包括规模以上工业企业、有资质的建筑业企业、限额以上批零住餐企业、规模以上服务业企业）的，额外奖励 10 万元。

深圳高企资助政策与研发投入紧密挂钩，建立高企培育入库，对入库企业按上年度研

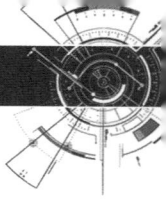

发费用实际支出的 10% 予以资助，单个企业资助金额最高不超过 300 万元，单个企业只能申请一次。对异地迁入的规模以上高新技术企业，资助金额 100 万元，单个企业只能申请一次。对通过高新技术企业认定的企业给予认定奖励性资助 5 万元。

佛山对高企直接资助政策包括认定补助和研发费用后补助，对通过高新技术企业认定的企业给予一次性补助 10 万元。

珠海通过市、区财政政策联动方式，对当年通过认定的高企，市、区两级奖补给 10 万~40 万元补助；对纳入市标杆高企百强的企业，市、区财政给予 10 万~110 万元补助，其中香洲区对区标杆高企百强、百强培育库企业给予最高 100 万元研发费用后补助。珠海高新区对已连续两次（含）以上通过高企认定的企业和首次通过高企认定的企业，在整体迁入高新区后，次年度分别给予奖励资金 50 万元、30 万元。

中山实施的高企培育认定奖补政策，对通过认定的高企，营业收入不低于 2 000 万元的，一次性补助 10 万元；营业收入低于 2 000 万元的，一次性补助 5 万元。对由外地迁入中山的高企，最高给予补助 60 万元；高新技术企业、省高企培育库企业，年度主营业务收入首次达到规模以上企业标准的，下一年度最多可优先申领 50 万元的创新券。

江门对初次认定的高企，一次性给予 30 万元，若企业登记住所在江门人才岛范围内，补助标准提升至 50 万元；重新认定的高企，一次性给予 10 万元；若企业登记住所在江门人才岛范围内，补助标准提升至 20 万元。对迁入高企，要按照我国现行科技统计报表制度要求真实准确报送本单位 R&D 经费投入情况，且高企证书有效期在 1 年以上的企业，按照企业下一年度研发投入的 3‰给予补助，单个企业补助金额不低于 10 万元，最高不超过 100 万元。

惠州对首次通过高企认定企业，每家给予最高 20 万元奖励，对重新认定高企的企业，每家给予 10 万元奖励。各区县、高新区对认定企业给予 5 万~20 万元的配套奖励。

肇庆对首次认定的高企或从外地整体搬迁新落户的有效期内高企，一次性补助 40 万元；对重新认定的高企，一次性补助 10 万元。对被认定为市级高企，由市财政一次性奖励 15 万元。在孵企业被认定为高企，按照每家 10 万元的标准对所在孵化器给予一次性奖励。

东莞高企认定奖补政策包含申报和认定奖补两类，对企业申报高企认定，市、区两级财政累计给予 2 万~5 万元申报奖补，对通过认定的高企，市、区两级财政累计给予 2 万~20 万元认定奖补。

汕头实施高新技术企业提质增效，推动高新技术企业的培育和发展，对通过认定（含重新认定）的高新技术企业，市财政给予一次性 4 万元奖励，区（县）财政配套奖励不少于 4 万元。各区对通过高企认定的企业，在认定当年分别给予 4 万~20 万元的奖励。潮南区实施高企研发费用补助政策，对高企按年度研发投入费用的 5% 进行补助，单个企业最高补助金额不超过 50 万元。

潮州制定了《潮州市高新技术企业高质量发展三年行动计划（2020—2022 年）》，并对 2020 年参与高新技术企业认定工作的符合条件的企业进行补助，共 64 家企业，共计 2 270 万元。

揭阳制定了《揭阳市高新技术企业培育发展实施方案（2017—2020 年）》，加大财政

资金的投入力度，充分发挥财政资金的政策导向作用，形成高新技术企业培育和发展工作常态化的财政投入机制。从 2016 年起安排专项资金用于高新技术企业培育和发展工作，由市级和企业所在地县（市、区）各承担 50%，市级承担部分由市财政新增专项资金解决。

湛江制定了《湛江市科学技术局关于鼓励科技服务机构服务高新技术企业认定资助办法》（以下简称《办法》），鼓励科技服务机构充分发挥其在提升高新技术企业认定的通过率的积极推动作用，加快认定工作有效开展，《办法》的实施对高新技术企业数量增加产生了积极的影响。

云浮制定了《云浮市高新技术企业认定（培育）专项补助资金管理办法（试行）》，发展壮大高新技术企业队伍，提升高新技术产业发展水平，鼓励企业申报高新技术企业认定，市级财政部门根据每年入库企业数和高企认定数安排高新技术企业认定（培育）专项补助资金，主要用于补助企业在申报高新技术企业认定（培育）和技术创新等相关事项支出。

韶关制定了《〈韶关市加快培育高新技术企业扶持办法〉实施细则》，深入实施创新驱动发展战略，推动全市高新技术企业的培育和发展。对通过高新技术企业认定、广东省高新技术企业培育库入库的企业，市财政分别给予 30 万元、30 万元的一次性奖补（可与其他奖补资金叠加）。

清远制定了《清远市加快培育高新技术企业工作实施方案》，大力支持符合条件的高新技术企业申报国家、省、市、县（市、区）科技计划项目，对进入省高新技术企业培育库的企业和新认定的高新技术企业，在当年市、县（市、区）两级科技计划项目中优先予以扶持，并对建有研发准备金的高新技术企业优先给予财政补助，对高新技术企业引进科技创新团队给予优先支持。

茂名制定了《茂名市人民政府关于加快科技创新的若干政策意见》（茂府〔2016〕83 号），对新认定的高新技术企业，给予一次性 10 万元奖励。

梅州制定了《梅州市人民政府关于印发梅州市进一步促进科技创新若干政策措施的通知》（梅市府〔2019〕21 号），对首次认定的高新技术企业，按企业的税务管辖关系，由同级财政给予每家 30 万元奖励。

河源制定了《河源市人民政府关于印发河源市进一步促进科技创新若干政策措施的通知》（河府〔2019〕63 号），对首次和再次认定的高新技术企业（含广东省技术先进型服务企业）分别一次性给予 30 万元、15 万元的支持；对入选广东省高新技术企业培育库的企业，一次性给予 10 万元的支持。

二、核心技术研发

深圳在集成电路、5G、智能网联汽车、超高清显示、生物医药、工业互联网、人工智能、石墨烯等领域，实施清单式排查、矩阵式布局的"链长制"。发挥产学研深度融合优势，按照"理技融合、研用结合"，建立纵横交错、互联互通"创新联合体"。支持企业

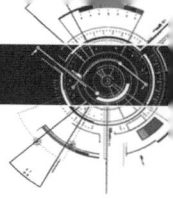

联合高等院校、科研机构承担符合我市产业布局的技术攻关面上项目、重点项目、悬赏项目、重大项目和战略性项目，实施关键核心技术攻关工程，聚焦核心电子器件、高端通用芯片、高档数控机床主机等产业关键共性领域，遴选技术攻关项目储备库。实施企业研究开发资助项目，对具有法人资格的国家高新技术企业、深圳市高新技术企业，根据企业上年度研发费用实际支出，按照一定比例予以资助，单个企业年度资助资金最高可达 1 000 万元。

佛山对已建研发准备金制度，并按规定在税务部门年度汇算清缴结束前申报企业研究开发费用税前加计扣除的高新技术企业，市财政局每年安排不少于 2 亿元资金，根据企业在税务部门核定的研究开发费用数额按比例给予补助。

中山对高企实施研发费用后补助，对研发费加计扣除额在 100 万元（含）以上且研发费用投入强度达到一定比例的企业，根据上年度研发费税前加计扣除额按最高 3% 的比例给予补助。对市级创新标杆企业开展核心关键技术攻关悬赏，对企业支出的人才攻坚项目悬赏金，按 50% 的比例择优给予最高 100 万元资助。

三、企业创新平台建设

广州支持大型龙头高新技术企业组建企业研究院，研发产业共性关键核心技术，带动行业整体技术水平提升，增强行业的国际话语权。支持企业研究院升级成为国家级、省级产业技术创新平台，对运行状况良好的企业研究院给予滚动稳定连续支持。支持高新技术企业开展各级工程技术研究开发中心、重点实验室、企业技术中心、新型研发机构、制造业创新中心和产业创新联盟等科技创新平台建设。到 2020 年，规模以上工业高新技术企业实现研发机构全覆盖。

深圳积极推动高水平创新载体建设，高标准建设鹏城实验室，省部共建合成生物学国家重点实验室，推进 5 个诺奖实验室建设。围绕新一代信息技术、高端装备制造、生物医药、新材料等战略性新兴产业，聚焦人工智能、第三代半导体、智能制造和医疗器械等技术领域，新组建大数据研究院、人工智能与机器人研究院、先进电子材料研究院、合成生物学创新研究院等 10 家新型基础研究机构，为产业技术创新、源头技术供给提供平台保障。对高企认定工程技术开发中心、企业技术中心、企业重点实验室等省级创新平台给予100 万元奖励。

珠海推进南方海洋科学与工程广东省实验室、天琴计划等基础研究平台建设，在中国香港及以色列分别设立离岸创新中心，建设珠海（以色列）创新中心、中以加速器、中德（珠海）人工智能研究院、珠海澳大科技研究院、岭南大数据研究院等产业创新研究院。对初次认定的市新型研发机构，一次性给予最高 100 万元奖励；对初次认定省新型研发机构，一次性给予最高 150 万元奖励；对初次认定省重点实验室，一次性给予最高 100 万元奖励；对初次认定国家重点实验室，一次性给予最高 300 万元奖励；对初次认定的市级院士工作站，按照建站档次，一次性给予 80 万 ~150 万元建站经费资助。

佛山对获得国家重点实验室认定企业，市财政根据国家、省的资助给予 1∶1 配套扶持。企业获得广东省重点实验室、广东省公共实验室或广东省企业重点实验室认定，市财政给予一次性 200 万元资助；企业获得省级工程中心认定，市财政给予一次性 20 万元资助；企业获市级工程中心认定，区财政给予相应扶持。

四、科技金融支持

广州设立 4 亿元的市科技型中小企业信贷风险补偿资金池、35 亿元的市科技成果产业化引导基金，聚焦重点服务高新技术企业融资需求，提供科技金融精准服务。联合广东股权交易中心、新三板广州服务基地、上交所南方中心、深交所南方总部，推动企业对接广东股权交易中心"科技创新专板"、新三板创新层、上交所科创板、深交所创业板、港交所等多层次资本市场。依托广州市科技创新领军企业融资并购服务平台，积极为重点高新技术企业寻找并购标的，提供并购服务，助力重点企业围绕产业链开展并购，并做大做强。大力推动广州高新技术企业在境内外挂牌上市，目前已有百济神州、汇量科技、卓越教育等成功在港交所上市。支持科技小微企业、初创企业利用中证报价系统、广东股权交易中心规范发展，拓宽民间投资渠道。

深圳由市财政出资设立总规模为 30 亿元的中小微企业融资担保基金，对由深圳市融资担保机构担保的中小微企业贷款融资和债券融资业务进行再担保，当发生代偿时，融资担保基金和担保公司分别按 5∶5 的比例分摊风险。设立初始规模为 20 亿元的中小微企业银行贷款风险补偿资金池，对合作银行为中小微企业发放 3 000 万元（含）以下规模贷款形成的不良贷款（中小微贷款评定为"次级"）实行风险补偿，补偿比例按照贷款金额分梯级设定，最高不超过不良贷款（本金）的 50%。设立首期 20 亿元的专项再贴现额度，再贴现优先满足小微企业融资需求；扩大"微票通"试点白名单；加快推出"科票通""绿票通"，更好地支持科技、绿色小微企业发展。

东莞实施科技、金融、产业"三融合"，推动金融机构创新金融产品支持企业科技创新。设立了 2 亿元信贷风险资金池，提升年度贷款贴息资金投入额度，积极引导和支持相关银行加大对企业开展科技创新的信贷支持力度，向合作银行推荐有融资需求的高企，引导银行对企业放贷。对申请在境内外证券交易所首次公开发行股票上市，且申请资料经正式受理的，给予一次性 200 万元奖励。对成功挂牌全国股转系统的企业，给予一次性 20 万元奖励；对进入创新层的企业，再给予一次性 30 万元奖励。在境内外证券交易所成功上市，按首发募集资金额度给予 0.5% 的奖励，每家企业最高奖励 500 万元。对成功挂牌全国股转系统的企业，通过直接融资方式实现融资，按首次融资金额给予 1% 的奖励，每家企业最高奖励 100 万元。

珠海以珠海基金为依托，联合第三方风险投资机构、龙头企业等发起设立首期规模 100 亿元的珠海市前沿产业独角兽投资基金，扩大风险资金供给。设立首期规模 5 亿元的不以营利为目标的政策性天使基金和 2 亿元人才创新创业基金，重点加强对独角兽入库企业、高企的股权融资支持。对独角兽入库企业，天使基金可给予最高 2 000 万元的风险投资支持；对拥有领先技术、创新商业模式且发展快速的非入库企业，可给予最高 500 万元

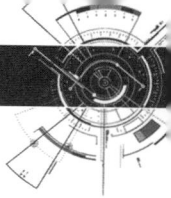

的风险投资支持，并支持其成长为入库企业。对特别优秀的项目，可结合实际采取"一事一议"方式加大支持力度。

佛山设立融资租赁专项资金，支持中小企业通过融资租赁方式进行设备更新，每年按不超过融资租赁合同设备投资额的6%给予贴息补助。15亿元佛山市支持企业融资专项资金，为有还贷资金需求且符合银行贷款条件的企业提供低成本"过桥"资金。

五、人才培育引进

广州市鼓励和支持企业积极培养和引进科技创新人才及团队，加强人才培养与交流，为企业创新发展提供智力支撑。支持大型龙头高新技术企业依托广州市产业领军人才政策引进培育创新领军团队，入选人才团队可给予300万元人才经费资助和最高不超过3 000万元项目经费资助。拓宽鼓励海外留学人才来穗创业"红棉计划"项目支持范围，鼓励符合条件的高新技术企业积极申报"红棉计划"项目，培育具有国际领先或国内一流科研能力、具备自主核心知识产权和先进管理水平的人才团队，入选项目将给予200万元创业启动资金支持。对高新技术企业就业人员积分制享受公共服务和申请公共租赁住房实行倾斜性支持政策。落实粤港澳大湾区境外高端人才和紧缺人才个人所得税超15%部分实行财政补贴优惠政策。

深圳实施"鹏城孔雀计划""鹏城英才计划"等引才育才计划，深化和拓展孔雀计划团队引进机制，加大青年科学家支持力度，增设海外青年团队子项。落实粤港澳大湾区境外高端人才和紧缺人才个人所得税超15%部分实行财政补贴优惠政策。

珠海实施"珠海英才计划"及14个配套政策，大力实施九大人才计划，构建更加积极、更加开放、更加有效的人才政策体系。推进设立首期规模2亿元的珠海市人才创新创业基金，加强对高端人才创新创业的金融服务保障。落实粤港澳大湾区境外高端人才和紧缺人才个人所得税超15%部分实行财政补贴优惠政策。

中山出台高企人才积分制管理加分实施方案，在高新技术企业工作的技术技能人才最高可获得30分的加分，为高新技术企业的技术技能人才留在中山创造条件。落实粤港澳大湾区境外高端人才和紧缺人才个人所得税超15%部分实行财政补贴优惠政策。对高企自主培养的硕士（含）以上学历人员、副高（含）以上技术职称人员或高级技师，择优给予企业最高20万元育才补助。对入选国家重大人才工程、"珠江人才计划"和"广东特支计划"的杰出人才、科技创新领军人才、科技创业领军人才、青年拔尖人才等的用人单位，在中央或省财政资助基础上直接给予1∶1比例的配套资助。对入选科技部"创新人才推进计划"的用人单位，或柔性引进两院院士、境外高层次人才及其创新团队的用人单位，或行业领军企业创新人才和隐形冠军企业人才等所在单位，组织好开展探索性基础研究和应用型技术成果转化等科研学术研讨活动，单个项目资助额度累计不超过100万元。

东莞对研发人才、产业发展人才和科技创新人才，按其上一年度缴纳工资薪金个人所得税以及科技成果转化形成的个人所得税市留成部分最高不超过80%的标准给予奖励，每人每年最高100万元。落实粤港澳大湾区境外高端人才和紧缺人才个人所得税超15%部分实行财政补贴优惠政策。

惠州以高企为载体，推动人才招引，细化奖补支持力度，支持高企引育急需的中高层技术人才，给予住房、教育、医疗、科研、税收等综合优惠。落实粤港澳大湾区境外高端人才和紧缺人才个人所得税超 15% 部分实行财政补贴优惠政策。对全职引进的院士、国家最高科学技术奖获得者、国家杰出青年科学基金获得者、优秀青年科学基金项目等国家人才工程入选者给予一次性 50 万~100 万元生活补贴，对新引进的境外博士给予 20 万元生活补贴。实施校政联合育人模式，联合惠州学院打造"双创管理实验班""知识产权专利代理人才班"，累计培养超 500 名毕业生，超过 200 人进入双创服务行业，为惠州市注入一批专业人才。

六、创新管理服务

广州完善科技创新企业库，强化数据综合分析，梳理具有认定潜质企业名单、创新发展数据，精准开展服务；联合国资、统计、工信部门分别对市属国企、规模以上企业、民营和中小企业进行宣讲，联合税务部门大力宣传高新技术企业税收优惠政策。成立督导工作组，各局领导对口联系各区，分管局领导负责重点区，市、区联合成立工作推进小组，发动基层力量，加强与企业沟通对接、上门服务、精准扶持。

珠海实施创新综合实力百强、成长性百强、税收贡献百强等高企标杆企业遴选，综合企业科技投入、科技人员、知识产权、营收、税收、违规失信行为处罚等数据和情况，筛选形成珠海市 2018 年度高企三个百强名单，市、区相关部门对百强企业加强创新服务。筛选兼具技术含量和创新性的高成长企业，制定重点培育台账，实施"一对一"精准诊断辅导服务，培育一批创新能力强的科技型中小企业群体，为高企培育提供源源不断的生力军。优化市、区高企培训专业化工作队伍，多元化政策宣贯、企业服务渠道，加强各级媒体政策宣传播报，组织专题政策宣讲和申报辅导会。

佛山通过媒体、自媒体等渠道，市、区科技部门加强高企政策宣传力度，结合高企创新特征，有针对性地开展高企培育挖掘工作，实施"种苗"工程，对"苗子企业"实施"一对一"跟进帮扶。遴选发布标杆高企 50 强，加强金融资本、人才、成果对接服务。实施企业科技创新券政策，集聚培养了 200 多家科技服务机构为全市中小型企业开展科技政策咨询、企业创新体系构建、科技金融、知识产权、研发设计、挂牌上市辅导等多元化科技服务。南海区在全省率先打造科技服务业集聚区，出台扶持措施和建立考核机制，共引入了 20 多家优秀科技服务机构进驻，推动机构与企业建立紧密型合作关系，加快科研成果转移转化。

东莞在市高新技术产业协会成立科技服务八大专业委员会，充分发挥各专业服务委员会的平台作用，调动社会资源为高企提供金融、科研、知识产权、法律、财务、检测全方位的专业服务，助力高企"树标提质"。建立高企申报预评审，解决企业申报经验不足导致错漏的问题，聘请专家为申报企业开展"一对一"诊断咨询服务，有效提升高企认定申报质量。

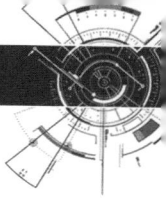

　　惠州面向高企举办政策专题宣讲、业务培训、工作研讨会，培训高企科技管理人员、技术研发人员和财务人员。建立高企专家指导团，为企业"一对一"精确把脉，提升企业创新水平。加强对科技服务机构的监管，推出高企咨询服务质量评价体系，引导服务机构诚信经营、规范管理、专业服务。举办中国高校科技成果交易会，为高企对接高水平创新成果，推动企业建立产学研合作机制。

　　中山以组团形式在中心城区、南部组团、东部组团、西北组团举办高质量高企和科技型中小企业申报培训会；遴选发布"高企50强"，梳理高企创新发展标杆，强化企业创新示范，为企业对接创新发展资源。

第四章

广东省高新技术企业创新发展情况

第一节　广东省高新技术企业发展情况

党的十九大明确提出，我国经济已由高速增长阶段转向高质量发展阶段。国务院发展研究中心主任李伟提出，高质量发展意味着供给、需求、配置、投入产出、收入分配和经济循环都要实现高质量。下文尝试从供给、需求、资源配置、投入产出、收入分配和经济循环六个方面对广东省高新技术企业发展情况进行阐述。

一、科技供给方面

高新技术企业作为技术创新的重要主体，是创新供给模式、优化供给结构、提高供给质量的重要载体。2015 年至 2020 年，广东省高新技术企业群体规模持续发展壮大，区域创新能力显著提升，高新技术企业有效助推经济高质量发展。

1. 高新技术企业群体发展情况

2015 年至 2020 年，广东省高新技术企业群体规模持续发展壮大，年均增长率达 37.1%。如图 4-1 所示，2015 年至 2016 年广东省高新技术企业群体规模快速增长，2016 年广东省高新技术企业达 19 854 家，高企数量首次名列全国首位。自 2017 年起，广东省高新技术企业增长速度逐渐放缓，2020 年广东省高新技术企业达 53 856 家，同比增长 5.9%。

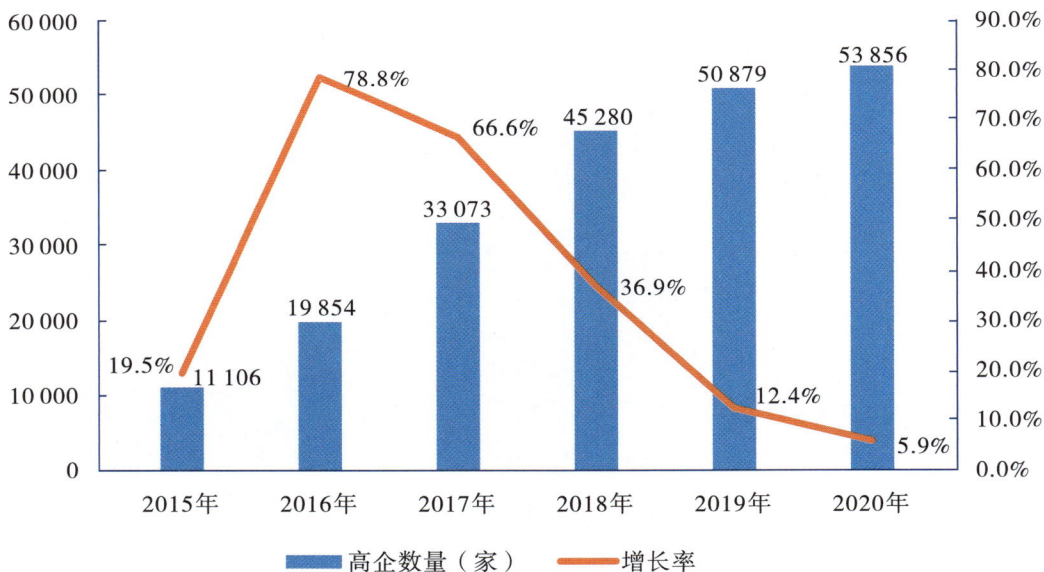

图 4-1　2015—2020 年广东省高新技术企业数量及增长率变化

2. 高新技术企业经济贡献情况

广东省高新技术企业经济效益不断增强，逐渐成为实现新旧动能转化的主力军（见表4 - 1）。近年来，在中美贸易摩擦、新冠肺炎疫情和复杂多变的国际经济形势的影响下，高新技术企业作为国家重点支持发展的企业群体，对社会经济的拉动效应非常显著，使得许多经济指标呈现出不同于国际经济环境的增长。

表4 - 1　2015—2020 年广东省高新技术企业经济效益情况

单位：亿元

年度	工业总产值	净利润	上缴税收
2015	30 202.4	2 607.7	1 645.5
2016	39 273.1	3 544.5	2 164.9
2017	47 802.6	4 501.9	2 771.7
2018	59 318.3	4 928.6	3 230.7
2019	64 785.1	5 672.1	3 193.5
2020	69 707.8	6 937.7	3 197.6

（1）工业总产值。

工业总产值是以货币表现的工业企业在报告期内生产的工业产品总量，反映一定时间内生产的总规模和总水平。2015 年至2020 年，广东省高新技术企业工业总产值持续稳定增长，年均增长率达18.2%。在中美贸易摩擦、新冠肺炎疫情等因素的影响下，2020 年广东省高新技术企业工业总产值仍实现了7.6% 的正向增长，其占广东地区生产总值的比重由2015 年的41.5% 增长至2020 年的62.9%，高新技术企业对于推动经济稳定增长具有重要意义（见图4 - 2）。

图4 - 2　2015—2020 年广东省高新技术企业工业总产值占比情况

（2）净利润。

净利润是企业经营的最终成果，是衡量一个企业经营效益的主要指标。2015 年至 2020 年，广东省高新技术企业净利润总额逐年增加，净利润总额增长速度呈 N 形变化。2016 年，高新技术企业净利润总额达 3 544.5 亿元，同比增长 35.9%，增幅为 5 年内最高。2020 年，高新技术企业净利润总额为 6 937.7 亿元，同比增长 22.3%（见图 4-3）。

图 4-3　2015—2020 年广东省高新技术企业净利润及增速情况

（3）上缴税收。

税收是政府财政收入的主要来源，高新技术企业上缴的税收，是衡量其对经济贡献的重要指标。2015 年至 2018 年，广东省高新技术企业上缴税收总额由 1 645.5 亿元增长至 3 230.7 亿元，占全省税收总额的比重由 22.3% 增长至 33.2%。2019 年至 2020 年，广东省高新技术企业上缴税收总额呈下降趋势，占全省税收总额的比重维持在 30% 左右，2020 年高新技术企业上缴税收 3 197.6 亿元，占全省税收总额的 32.4%（见图 4-4）。

图 4-4　2015—2020 年广东省高新技术企业上缴税收、占全省税收收入比重

（4）新旧动能转化支撑作用。

高新技术企业作为高新技术产业发展的主力军，是促进全省产业经济结构转型的重要力量。高新技术产品产值占工业总产值比重、高技术业增加值占工业增加值的比重两项指标，可在一定程度上反映产业发展新旧动能转换状况。2015 年至 2019 年，全省高技术业增加值年均增长率为 7.9%，高于全省工业年均增速。高新技术产品产值占工业总产值比重逐年增加，由 2015 年的 40.19% 增长至 2019 年的 47.75%，有力拉动了全省工业的增长（见表 4-2）。

表 4-2　2015—2019 年广东省高新技术产品产值及高技术业增加值情况

年度	高新技术产品产值			高技术业增加值		
	规模/亿元	年均增长率/%	占比/%	规模/亿元	年均增长率/%	占比/%
2015	54 384.54	10.4	40.19	7 537.34	6.4	24.1
2016	61 455.98	13.0	42.41	8 475.25	12.4	26.0
2017	65 744.65	7.0	44.37	9 507.81	12.2	26.9
2018	71 161.19	8.2	44.41	10 183.66	7.1	27.0
2019	75 290.50	5.8	47.75	10 222.97	0.4	25.9

二、要素需求方面

随着高新技术企业群体规模不断扩大，人才总量也不断攀升。2020 年，全省高新技术企业年末从业人员达 765.3 万人，占全省年末就业人数的 10%，高新技术企业对人才的需求已经成为国民经济中增加就业的重要渠道。同时，高新技术企业以其知识技术密集的特点，逐渐成为资本市场追逐的宠儿，也是并购、重组等资本市场的重要力量。

1. 高新技术企业人才需求

2015年至2020年，广东省高新技术企业年末从业人员从308.6万人增长至765.3万人，年均增长率达19.9%，占全省年末就业人员的比重由5%增长至10%。高新技术企业当年吸纳高校应届毕业生人数从10.3万人增长至18.9万人，高新技术企业当年吸纳高校应届毕业生人数占全省高等学校毕业生人数的比重由2015年的21.6%增长至35.9%。高新技术企业吸纳归国留学人员数量从2015年的1万人增长至2020年的3.1万人。可见，高新技术企业已成为国民经济中增加就业的重要渠道，为广东省在更高层次上发挥人力资源丰富的比较优势、提高国际竞争力创造了条件。

2. 高新技术企业资本需求

近年来，高新技术企业逐年成为企业上市（挂牌）的主力军。2015年至2020年，高新技术企业占全省A股IPO上市企业比重均超过75%，自2017年起，高新技术企业占A股IPO上市企业比重逐年增加，至2020年占比高达90%。2015年至2020年，高新技术企业上市融资股本逐年增加，年均增长24%，2020年高新技术企业上市融资股本达2 567.5亿元。2015年至2020年，高新技术企业获得创业风险投资机构的风险投资额逐年增加，年均增长48.4%，2020年，高新技术企业获得创业风险投资机构的风险投资额达323.9亿元，为2015年的7.2倍。

三、资源配置方面

高新技术企业有效地提高了全省创新资源配置效率，优化创新资源配置格局，使得创新资源在不同区域、不同行业内有效地实现优化配置，区域内部可以根据自身比较优势来谋划其产业发展布局，从而促进区域整体生产效率的提升，推动区域经济的高质量发展。

从微观层次来讲，资源配置效率即资源使用效率，一般指生产单位的生产效率，企业劳动效率是单位劳动投入的产出水平，反映一定量劳动投入所得的有效成果数量，现选取劳动效率来说明高新技术企业创新资源的配置效率。

2015年至2020年，广东省高新技术企业劳动效率均呈V形变化，2015年高新技术企业劳动效率达102.7万元/人，2020年高新技术企业劳动效率达121.6万元/人，年均增长3.4%。2015年规上高新技术企业劳动效率达106.1万元/人，2020年规上高新技术企业劳动效率达129万元/人，均高于规上工业企业劳动效率，侧面反映出广东省高新技术企业树标提质效应明显，高新技术企业质量显著提升。

四、投入产出方面

广东省高新技术企业从业人员结构持续优化，高学历人员占比持续增加，科技人员、科技活动经费投入明显增加，高新技术企业发明专利、PTC国际专利产出持续增加。

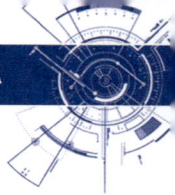

1. 创新投入

（1）高新技术企业从业人员结构。

近年来，广东省高新技术企业人员结构不断优化，2015 年至 2020 年，高新技术企业年末从业人员中研究生学历（位）人员年均增长率为 13.3%，2020 年高新技术企业拥有研究生学历（位）人员增长至 272 356 万人，研究生学历（位）人员占从业人员比重达3.56%（见图 4-5）。

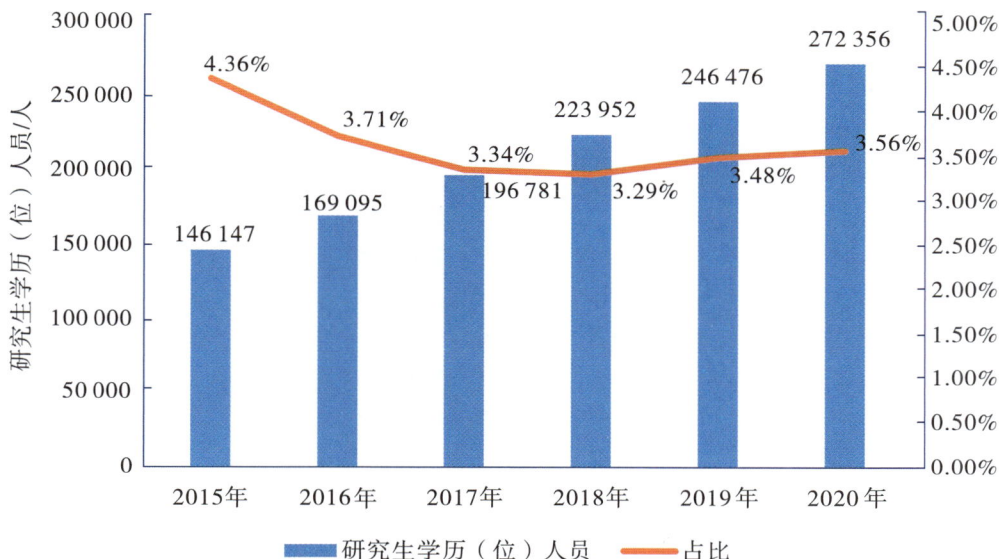

图 4-5　2015—2020 年广东省高新技术企业研究生学历（位）人员及占比情况

（2）高新技术企业科技人员情况。

科技人员集聚是高新技术企业区别于一般企业的特征之一，2015 年至 2020 年，全省高新技术企业科技活动人员数量持续稳步增长，科技人员素质大幅提高。由表 4-3 可以看出，2015 年至 2020 年，全省高新技术企业科技活动人员投入不断提高，年均增长15%，2020 年高新技术拥有科技活动人员 1 728 644 万人。高新技术企业科技活动人员占比基本保持稳定，2017 年至 2020 年，高新技术企业科技活动人员占比保持在 23% 左右。

（3）科技活动经费支出情况。

广东省高新技术企业科技活动经费支出总额逐年增加。如表 4-3 所示，高新技术企业科技活动经费支出总额从 2015 年的 1 975.1 亿元增长至 2020 年的 6 162.1 亿元，年均增长 25.6%。2020 年高新技术企业科技活动经费支出总额占营业收入的比重达 6.6%。

表 4 – 3　2015—2020 年广东省高新技术企业科技活动人员及科技活动经费支出情况

年度	科技活动人员/人	占从业人员比重/%	科技活动经费支出/亿元	占营业收入的比重/%
2015	859 096	25. 6	1 975. 1	5. 7
2016	1 098 345	24. 1	2 979. 4	6. 5
2017	1 362 337	23. 1	3 769. 8	6. 4
2018	1 583 857	23. 3	4 606. 5	6. 2
2019	1 630 471	23. 0	5 389. 9	6. 5
2020	1 728 644	22. 6	6 162. 1	6. 6

2. 创新产出

（1）知识产权情况。

知识产权具有强正外部性，是高新技术企业的重要创新产出。由表 4 – 4 可以看出，2015 年至 2020 年，广东省高新技术企业发明专利申请数呈波动式增长。2015 年至 2017 年，全省高新技术企业发明专利申请数逐年增加，由 70 680 件增长至 121 765 件。2018 年，受中美贸易摩擦和广东省高新技术企业培育发展政策变动，高新技术企业发明专利申请总数首次出现下降，2019 年高新技术企业发明专利申请数达 166 543 件，同比增长 59%，增长幅度为历年最高，高新技术企业提质增效政策效应初显。2020 年高新技术企业发明专利申请数达 181 079 件，同比增长 8.7%。

表 4 – 4　2015—2020 年广东省高新技术企业发明专利产出情况

年度	发明专利申请数/件	同比增长/%	发明专利授权数/件	同比增长/%	授权成功率/%
2015	70 680	51. 3	27 078	70. 7	38. 3
2016	94 837	34. 2	37 185	37. 3	39. 2
2017	121 765	28. 4	44 053	18. 5	36. 2
2018	104 716	– 14. 0	52 961	20. 2	50. 6
2019	166 543	59. 0	65 311	23. 3	39. 2
2020	181 079	8. 7	73 457	12. 5	40. 6

由图 4 – 6 可以看出，2015 年至 2020 年，高新技术企业发明专利申请数占全省发明专利申请数的比重总体呈上升趋势，2020 年高新技术企业发明专利申请数占比达 88.7%，高新技术企业对广东省科技创新推动作用日益显著。

图4-6　2015—2020年广东省高新技术企业发明专利申请数及占比情况

2015年至2020年，全省高新技术企业发明专利授权数逐年增长，年均增长率达22.1%。高新技术企业发明专利授权成功率基本保持在39%左右，2020年高新技术企业发明专利授权成功率达40.6%。由图4-7可以看出，2015年至2020年，高新技术企业发明专利授权数占全省发明专利授权数的比重逐年增加。

图4-7　2015—2020年广东省高新技术企业发明专利授权数及占比情况

2016年至2020年，高新技术企业PTC国际专利申请数年均增长达20.2%，2016年高新技术企业PTC国际专利申请1.14万件，2020年高新技术企业PTC国际专利申请2.38万件。由图4-8可以看出，高新技术企业PTC国际专利申请数占全省PTC国际专利申请

数的比重逐年增长，2020年，高新技术企业PTC国际专利申请数占全省PTC国际专利申请数的比重达84.7%。

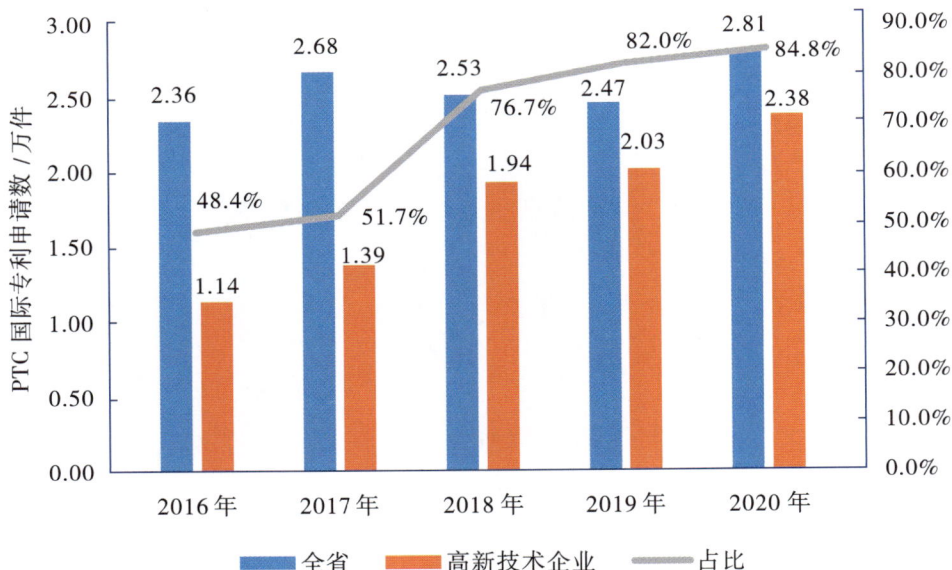

图4-8 2016—2020年广东省高新技术企业PTC国际专利申请数及占比情况

（2）新产品产出情况。

新产品是高新技术企业最直接的创新产出，2015年至2020年，高新技术企业新产品销售收入由13 699亿元增长至33 235.1亿元，年均增长率达19.4%，高新技术企业新产品销售收入对企业营业收入的贡献基本保持在39%左右。

2015年至2020年，高新技术企业新产品出口总额保持稳定增长，年均增长率达18.3%。在中美贸易摩擦和复杂多变的国际经济形势的影响下，2020年，高新技术企业新产品出口总额达8 087.5亿元，同比增长7.6%。

（3）孵化器情况。

高新技术企业的培育发展，带动全省孵化器的大幅增长。2015年至2020年，广东省科技企业孵化器总数从326家增长至1 104家，其中国家级孵化器从60家增长至172家（见表4-5）。

表4-5 2015—2020年孵化器数量

单位：家

名称	年度					
	2015	2016	2017	2018	2019	2020
广东孵化器总数	326	580	754	962	1 036	1 104
国家级孵化器	60	83	109	110	150	172

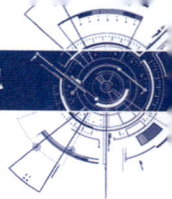

五、分配方面

2015 年至 2020 年，广东省高新技术企业从业人员工资水平不断提升，高新技术企业中的工资收入在生产要素中的分配比例逐年增加，高新技术企业在提高居民收入、完善国民收入分配结构中的作用日益凸显，高新技术企业通过税收调节作用，不断优化国民收入分配格局。

1. 初次分配

初次分配是指国民总收入直接与生产要素相联系的分配。现选取企业单位增加值中从业人员工资性收入占比、企业从业人员月均工资等指标，来解读高新技术企业在国民收入分配中的作用。

2015 年至 2020 年，广东省高新技术企业从业人员月均工资逐年增加，增长速度呈 V 形变化。2015 年高新技术企业从业人员月均工资 8 050 元，高于规上工业企业 2 325 元，2019 年高新技术企业从业人员月均工资突破 1 万元，2020 年高新技术企业从业人员月均工资持续上涨，可以看出，高新技术企业从业人员月均工资逐年增加，为形成经济国内大循环的主体地位提供有力支撑（见表 4 – 6）。

表 4 – 6　2015—2020 年广东省高新技术企业与规上工业企业从业人员月均工资对比

年度	从业人员月均工资/元	同比增长/%	企业单位增加值中从业人员工资性收入占比/%
2015	8 050	9.4	41.7
2016	8 249	2.5	42.5
2017	8 360	1.3	43.4
2018	8 956	7.1	45.9
2019	10 017	11.8	50.9
2020	10 279	2.6	46.2

2. 再分配：税收调节作用

再分配是政府通过税收等宏观调控手段对要素收入进行再次调节的过程，高新技术企业通过税收杠杆作用，成为地方涵养税源、财政增收的突出贡献者，不断促进社会经济协调发展。

由图 4 – 9 可看出，2015 年至 2017 年，广东省高新技术企业税收调节作用逐年增强，2018 年至 2020 年，高新技术企业税收调节作用趋于稳定状态。2020 年高新技术企业享受高新技术企业减免税总额 503.6 亿元，实际上缴税收 3 197.6 亿元，高新技术企业税收贡献比减免放大了 6.3 倍。

图 4 - 9　2015—2020 年广东省高新技术企业享受税收减免总额与上缴税收对比

六、循环方面

随着贸易全球化的发展，高新技术产品逐渐成为世界贸易发展的主力军。广东省通过发展高新技术企业，促进出口商品结构的调整，用高新技术产品占领国际市场，从而进一步带动本省经济发展，加速形成广东省国内国际双循环新发展格局。

1. 出口高新技术企业数量

2020 年，广东省涉及出口业务的高新技术企业 12 202 家，较 2016 年出口高企数量增加 6 013 家。2016 年至 2020 年，涉及出口业务的高新技术企业数量占高新技术企业总数比重呈逐年递减，自 2018 年起，广东省涉出口业务的高新技术企业数量占高新技术企业总数比重维持在 23% 左右。

2. 出口总额

2015 年至 2020 年，广东省高新技术企业出口总额年均增速达 19.9%，2020 年，高新技术企业出口总额达到 17 206.1 亿元，较 2015 年增长 147.8%。

高新技术企业出口总额占全省出口总额比重逐年增加，由图 4 - 10 可以看出，2015年，高新技术企业出口总额 6 942.8 亿元，占全省出口总额的 17.4%，至 2020 年，高新技术企业出口总额占全省出口总额的比重达 39.6%。高新技术企业逐渐成为促进出口商品结构调整、实现国内国际双循环相互促进的主力军。

高新技术企业高新技术产品出口总额逐年增加，高新技术产品出口占出口总额的比重呈 Z 形变化。2015 年至 2017 年，高新技术产品出口占比保持在 81% 左右，2018 年至 2019年，高新技术产品出口占比保持在 74% ~ 76%，2020 年高新技术产品出口占比 77.9%，较上一年略有提升。

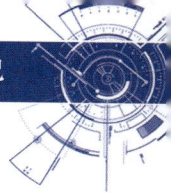

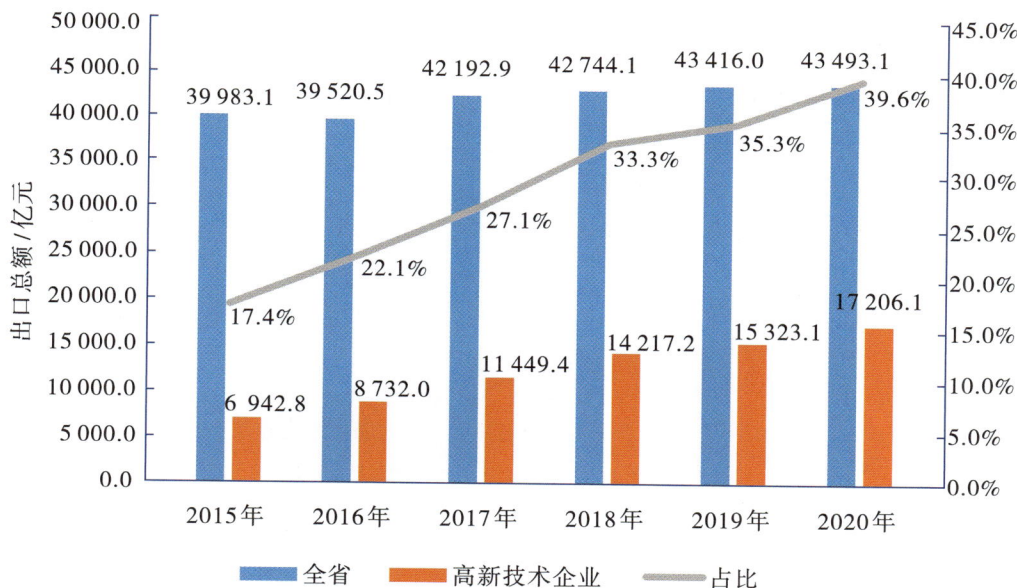

图 4-10　2015—2020 年广东省高新技术企业出口总额及占比情况

3. 高新技术企业国际布局

2015 年至 2020 年，高新技术企业境外设立研发制造机构数、对外直接投资额、吸纳境外高层次人才数均呈现快速增长趋势。由表 4-7 可以看出，高新技术企业境外设立研发机构数由 2015 年 107 家增长至 2020 年的 421 家，年均增长率为 31.5%。高新技术企业境外营销服务机构数由 2015 年 1 111 家增长至 2020 年的 3 018 家，年均增长率为 22.1%。高新技术企业境外生产制造基地数由 2015 年 64 家增长至 2020 年的 192 家，年均增长率为 24.6%。高新技术企业引进外籍专家人数由 2015 年的 1 150 人增长至 2020 年的 2 622 人，年均增长率为 17.9%。高新技术企业对境外直接投资额由 2015 年 180.1 亿元增长至 2020 年的 493.6 亿元，年均增长率为 22.3%。

表 4-7　2015—2020 年高新技术企业国际布局情况

年度	境外设立研发机构数/家	境外营销服务机构数/家	境外生产制造基地数/家	引进外籍专家人数/人	对境外直接投资额/亿元
2015	107	1 111	64	1 150	180.1
2016	187	2 132	81	2 603	257.6
2017	215	1 287	92	2 576	176.5
2018	235	1 409	119	2 909	189.0
2019	327	2 234	159	2 918	478.8
2020	421	3 018	192	2 622	493.6

4. 港澳台投资与外商投资高新技术企业情况

2015 年至 2020 年，港澳台投资与外商投资高新技术企业的数量呈逐年上升态势，总体而言，港澳台投资高新技术企业多于外商投资高新技术企业（见表 4-8）。

2015 年至 2020 年，港澳台投资高新技术企业总数逐年递增，从 1 004 家增长至 2 589 家，年均增长 317 家，港澳台投资高新技术企业占高新技术企业总数的比重逐年减少，从 2015 年的 9.4% 减少至 4.8%。

2015 年至 2020 年，外商投资高新技术企业总数逐年递增，从 568 家增长至 1 263 家，年均增长 139 家，外商投资高新技术企业占高新技术企业总数的比重逐年减少，从 2015 年的 5.3% 减少至 2.3%。

表 4-8　2015—2020 年港澳台投资与外商投资高新技术企业数量及占比

年度	港澳台投资高新技术企业/家	占比/%	外商投资高新技术企业/家	占比/%
2015	1 004	9.4	568	5.3
2016	1 340	6.9	801	4.1
2017	1 775	5.4	1 020	3.1
2018	2 267	5.1	1 192	2.7
2019	2 465	4.9	1 222	2.4
2020	2 589	4.8	1 263	2.3

第二节　广东省与主要省市高新技术企业数据比较

现选取广东省、江苏省、北京市、浙江省、上海市高新技术企业数量及相关投入产出指标，来对比分析上述各省市高新技术企业创新发展情况。

一、高新技术企业数量

根据相关统计数据，2015 年，北京市入统高新技术企业 10 881 家，位居五省市第一；广东省入统高新技术企业 10 649 家，江苏省入统高新技术企业 10 587 家，分别位居五省市第二、第三；浙江省、上海市入统高新技术企业数量分别为 6 283 家、5 969 家，依次位居第四、第五位。2016 年至 2019 年，广东省高新技术企业数量连续四年位居全国第一，与江苏省、北京市、浙江省、上海市相比，领先优势明显。2019 年，上述五省市入统高新技术企业数量排名依次为广东省、江苏省、北京市、浙江省、上海市（见图 4-11）。

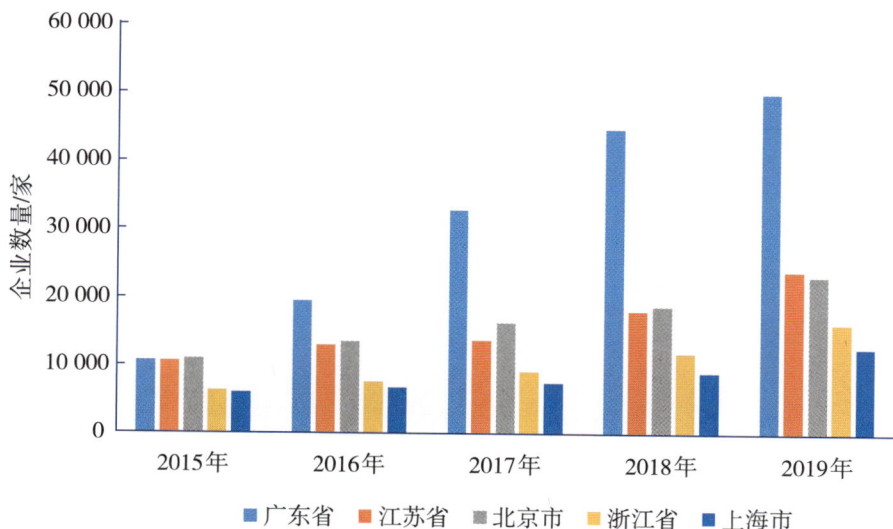

图 4 - 11 2015—2020 年广东省与主要省市高新技术企业数量对比

二、高新技术企业创新投入产出

1. 创新投入

2015 年至 2019 年，与北京市、上海市、江苏省、浙江省相比，广东省高新技术企业年末从业人员数、科技活动人员数、R&D 人员数，以及科技活动经费内部支出、R&D 经费内部支出等各项创新投入指标均处于首位。

（1）年末从业人员数。

2015 年至 2019 年，广东省高新技术企业年末从业人员数持续保持领先位置，江苏省稳居上述五省市第二。2015 年，上述五省市高新技术企业年末从业人员总数排名依次为广东省、江苏省、北京市、浙江省、上海市，广东省高新技术企业年末从业人员 335.3 万人，是江苏省（263.8 万人）的 1.27 倍，北京市（176.4 万人）的 1.9 倍，浙江省（165.9 万人）的 2.02 倍，上海市（133.2 万人）的 2.52 倍。2016 年至 2019 年，浙江省高新技术企业年末从业人员数超越北京，持续位居五省市第三位，上述五省市高新技术企业年末从业人员总数排名依次为广东省、江苏省、浙江省、北京市、上海市（见图 4 - 12）。

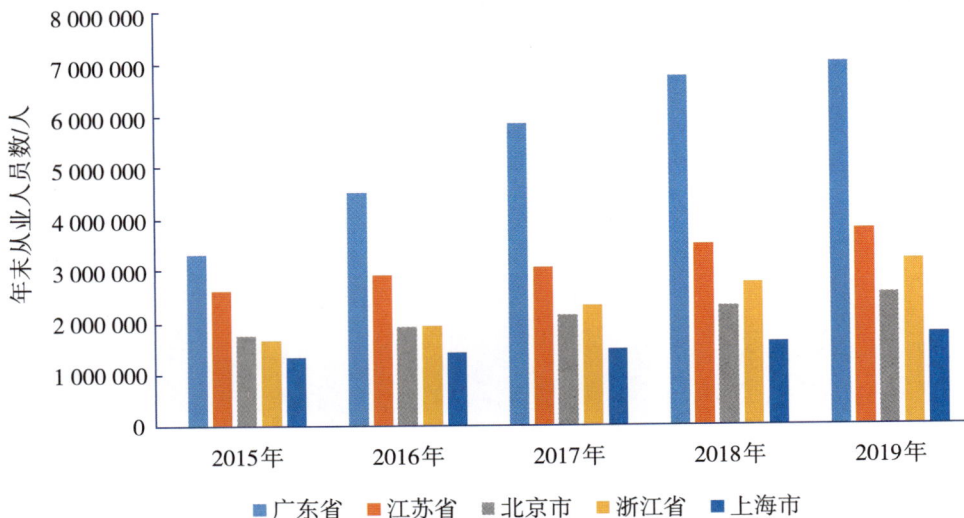

图 4-12 2015—2019 年广东省与主要省市高新技术企业年末从业人员数对比

（2）科技活动人员数。

2015 年至 2019 年，广东省高新技术企业科技活动人员数位居五省市第一。2015 年至 2016 年，上述五省市高新技术企业科技活动人员总数排名依次为广东省、江苏省、北京市、上海市、浙江省。2018 年至 2019 年，浙江省高新技术企业科技活动人员数超过上海市，位居各省市第四，上述五省市高新技术企业科技活动人员总数排名依次为广东省、北京市、江苏省、浙江省、上海市。2019 年，广东省高新技术企业科技活动人员 163 万人，是北京市（90.9 万人）的 1.8 倍，江苏省（84.4 万人）的 1.9 倍，浙江省（68.5 万人）的 2.4 倍，上海市（62 万人）的 2.6 倍（见图 4-13）。

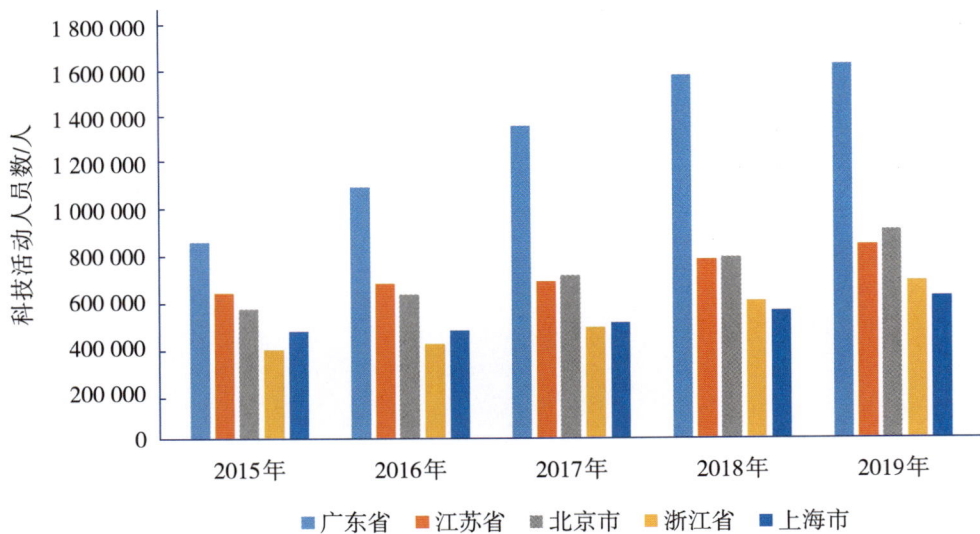

图 4-13 2015—2019 年广东省与主要省市高新技术企业科技活动人员数对比

各省市 R&D 人员与科技活动人员变化情况基本一致，2015 年至 2019 年，广东省 R&D 人员持续位居五省市第一，且对各省市的领先优势持续扩大。2019 年，广东省高新技术企业 R&D 人员 102.4 万人，超江苏省（56.7 万人）、北京市（28 万人）、上海市（16.9 万人）R&D 人员之和（见图 4 – 14）。

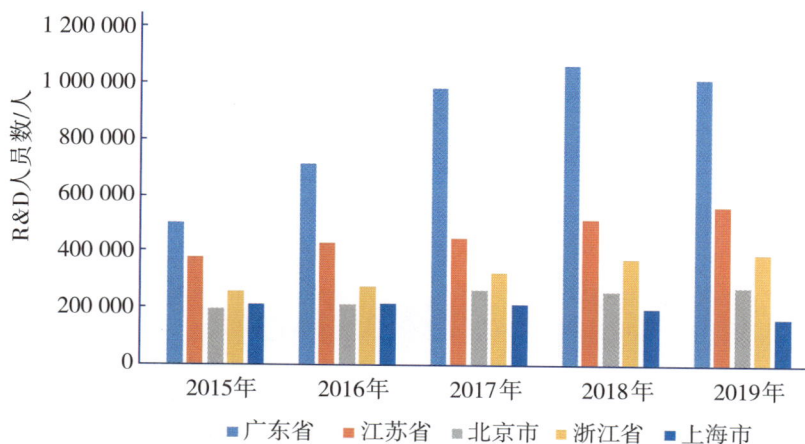

图 4 – 14　2015—2019 年广东省与主要省市高新技术企业 R&D 人员对比

由图 4 – 15 可以看出，2015 年至 2019 年，广东省、江苏省、浙江省 R&D 人员占科技活动人员比重整体较高，均维持在 58% 以上，北京市、上海市 R&D 人员占科技活动人员比重与广东省、江苏省、浙江省相比较低。2015 年至 2017 年，广东省 R&D 人员占科技活动人员比重逐年增加，2015 年广东省 R&D 人员占比 58.9%，位居五省市第三，排名第一、二位的分别是浙江省（67.8%）、江苏省（60.3%）。2019 年广东省 R&D 人员占比 62.8%，低于江苏省 4.5 个百分点，位居五省市第二，高于浙江省 4.6 个百分点。

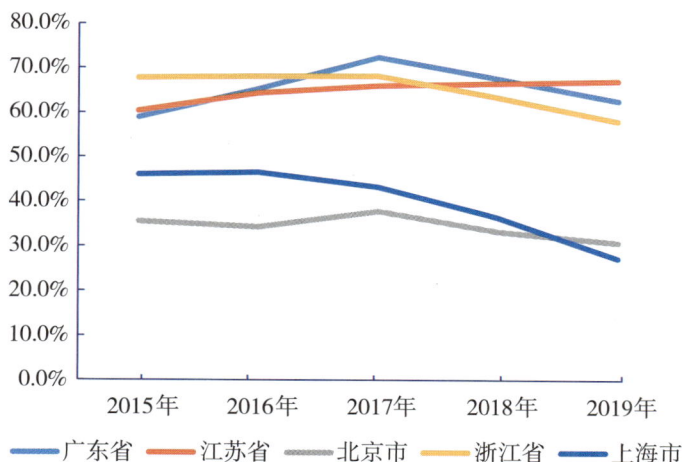

图 4 – 15　2015—2019 年广东省与主要省市高新技术企业 R&D 人员占科技活动人员比重对比

（3）科技活动经费。

2015年至2019年，广东省高新技术企业科技活动经费内部支出总额持续领先，对各省市的领先优势逐渐扩大，五省市高新技术企业科技活动经费内部支出总额的排名依次为广东省、北京市、江苏省、上海市、浙江省。2019年，广东省高新技术企业科技活动经费内部支出总额4 503.6亿元，是北京市（4 167.7亿元）的1.08倍，江苏省（2 464.4亿元）的1.83倍，上海市（2 046.7亿元）的2.2倍，浙江省（1 866.9亿元）的2.41倍（见图4-16）。

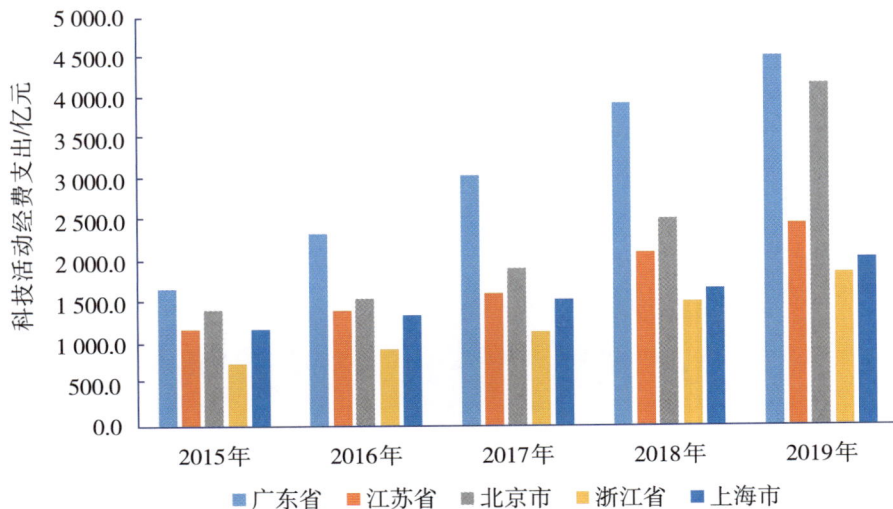

图4-16 2015—2019年广东省与主要省市高新技术企业科技活动经费支出对比

五省市高新技术企业R&D经费内部支出情况与科技活动经费支出情况略有不同，2015年至2019年，广东省高新技术企业R&D经费内部支出仍位居五省市第一，与科技活动经费内部支出情况不同的是，江苏省高新技术企业R&D经费内部支出总额连续5年位居五省市第二，北京市、浙江省、上海市高新技术企业R&D经费内部支出总额排名每年各不相同。2019年，广东省高新技术企业R&D经费内部支出总额2 894.9亿元，是江苏省（1 531亿元）的1.89倍，北京市（1 032.3亿元）的2.8倍，浙江省（972.8亿元）的2.98倍，上海市（571.2亿元）的5.07倍（见图4-17）。

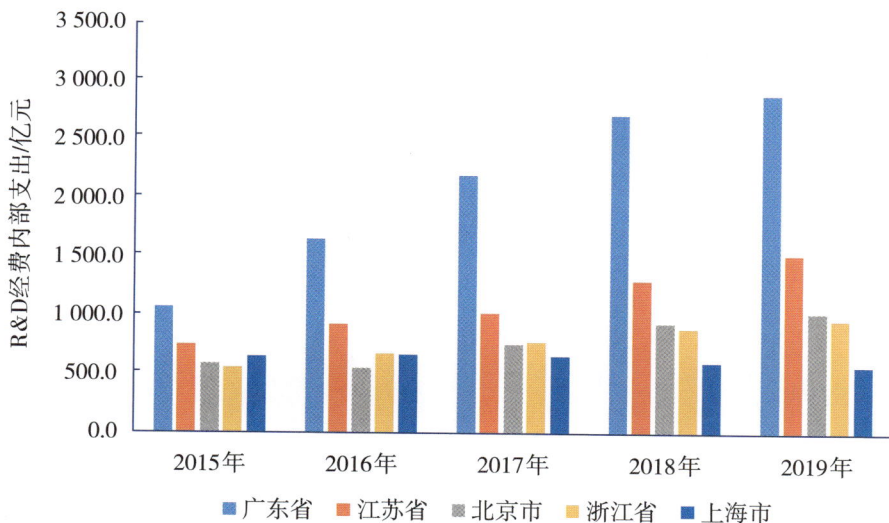

图 4 - 17　2015—2019 年广东省与主要省市高新技术企业 R&D 经费内部支出对比

　　由图 4 - 18 可以看出，广东省、江苏省、浙江省高新技术企业 R&D 经费内部支出占科技活动经费内部支出的比重较高，北京市、上海市较低。自 2017 年起，广东省高新技术企业 R&D 经费内部支出占比持续位居五省市第一。2019 年，广东省高新技术企业 R&D 经费内部支出占比 64.3%，高于江苏省 2.2 个百分点，高于浙江省 12.2 个百分点，高于上海市 36.4 个百分点，高于北京市 39.5 个百分点。

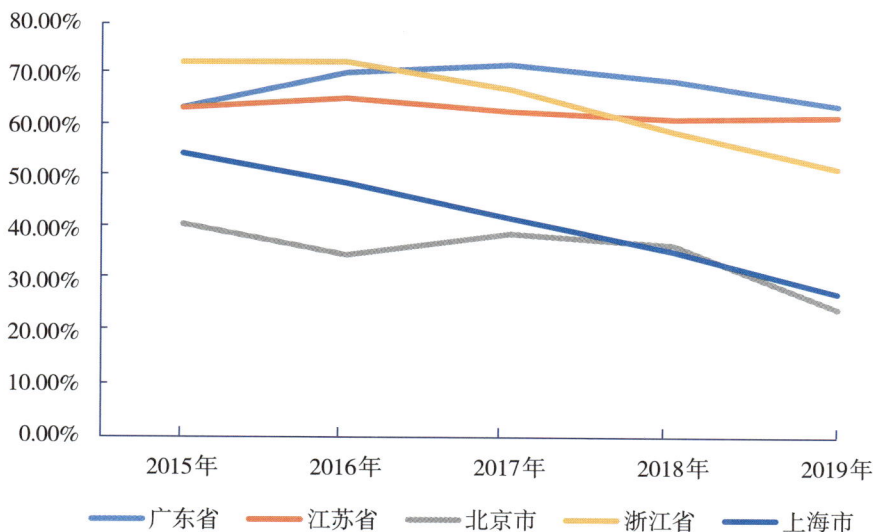

图 4 - 18　2015—2019 年广东省与主要省市高新技术企业 R&D 经费内部支出占
科技活动经费内部支出比重对比

2. 创新产出

2015 年至 2019 年，与北京市、上海市、江苏省、浙江省相比，广东省高新技术企业在营业收入、盈利能力、税收贡献方面均有显著的优势。

（1）营业收入。

2015 年至 2019 年，广东省入统高新技术企业营业收入总额持续领先，且领先优势持续扩大。2019 年，广东省高新技术企业营业收入总额 82 884.4 亿元，高于第二名江苏省 3.4 万亿元，高于第三名北京市 4.5 万亿元（见图 4–19）。

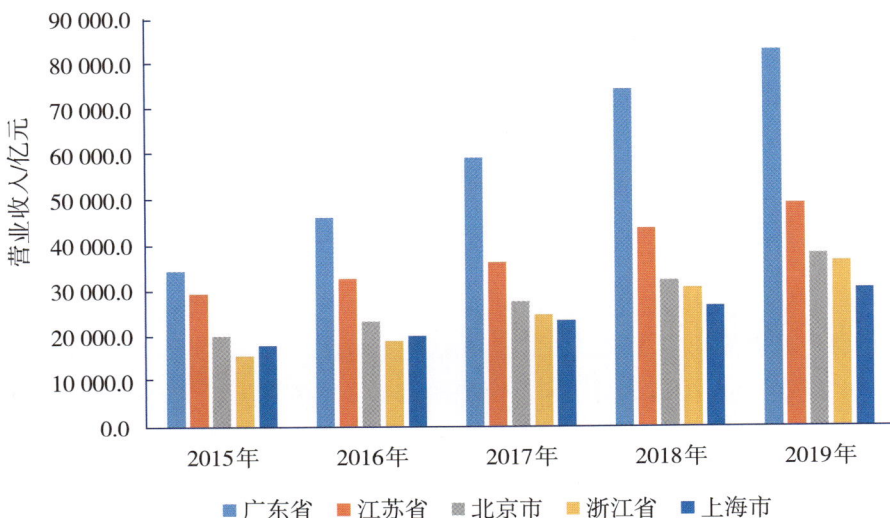

图 4–19　2015—2019 年广东省与主要省市高新技术企业营业收入对比

（2）净利润。

2015 年至 2019 年，广东省入统高新技术企业净利润持续领先。2019 年，广东省高新技术企业净利润 5 672.1 亿元，是浙江省（3 902.4 亿元）的 1.45 倍，江苏省（3 041.9 亿元）的 1.86 倍，上海市（2 138.3 亿元）的 2.65 倍，北京市（1 919.7 亿元）的 2.95 倍。各省市高新技术企业净利润排名依次为广东省、浙江省、江苏省、上海市、北京市。可以看出，广东省高新技术企业净利润持续领先，浙江省高新技术企业净利润提升较快，江苏省、上海市高新技术企业净利润保持平稳发展，北京市高新技术企业净利润在五省市中排名较后（见图 4–20）。

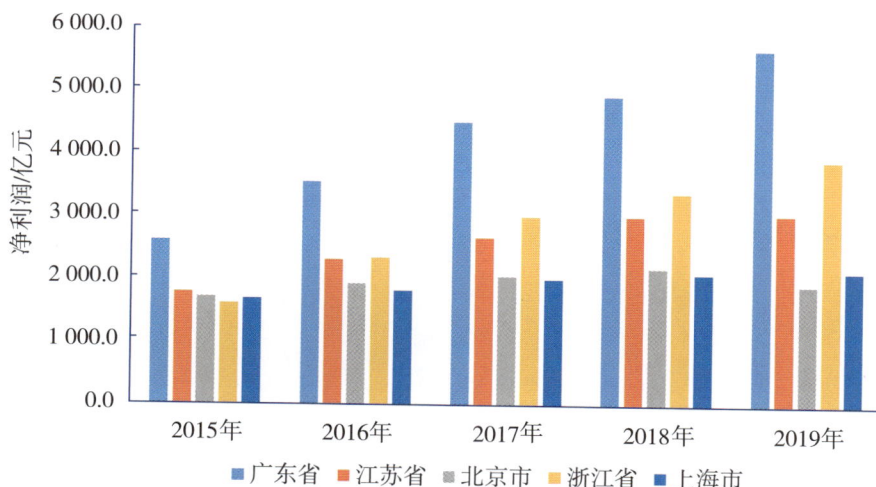

图 4 - 20　2015—2019 年广东省与主要省市高新技术企业净利润对比

（3）上缴税收。

2015 年至 2019 年，广东省入统高新技术企业上缴税收总额持续保持领先，且领先幅度进一步增大。2019 年，广东省高新技术企业上缴税收总额 3 193.5 亿元，是江苏省（1 960.17 亿元）的 1.63 倍，浙江省（1 795 亿元）的 1.78 倍，超北京市（1 500.8 亿元）、上海市（1 209.3 亿元）高新技术企业上缴税收之和的 1.18 倍（见图 4 - 21）。

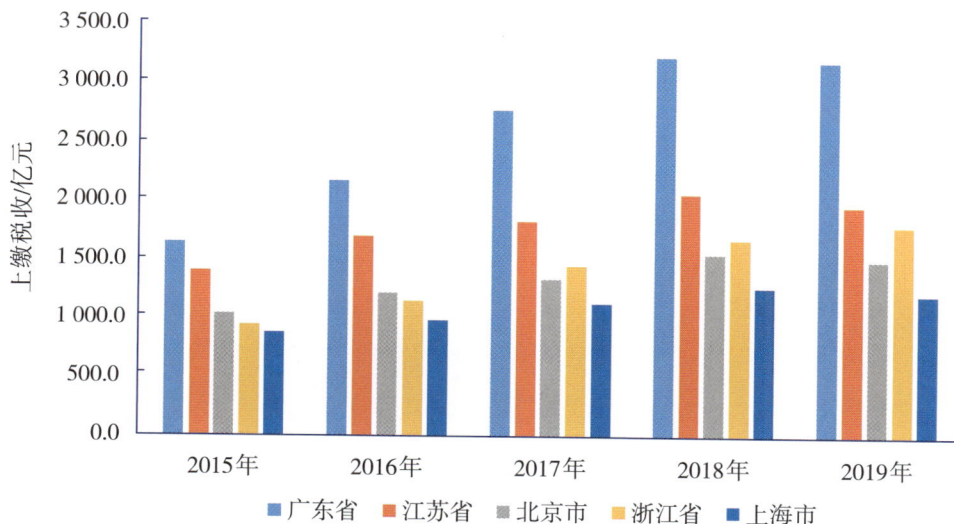

图 4 - 21　2015—2019 年广东省与主要省市高新技术企业上缴税收对比

（4）出口总额。

2015 年至 2019 年，广东省入统高新技术企业出口总额持续领先，领先优势持续扩大。各省市高新技术企业出口总额排名依次为广东省、江苏省、浙江省、上海市、北京市。

2019 年，广东省高新技术企业出口总额 15 323.1 亿元，为江苏省（8 425.3 亿元）的 1.82 倍，浙江省（5 945 亿元）的 2.58 倍，上海市（2 972.2 亿元）的 5.16 倍，北京市（1 273.1 亿元）的 12.04 倍（2015 年单位为亿美元，2016—2019 年单位为亿元）（见图 4 - 22）。

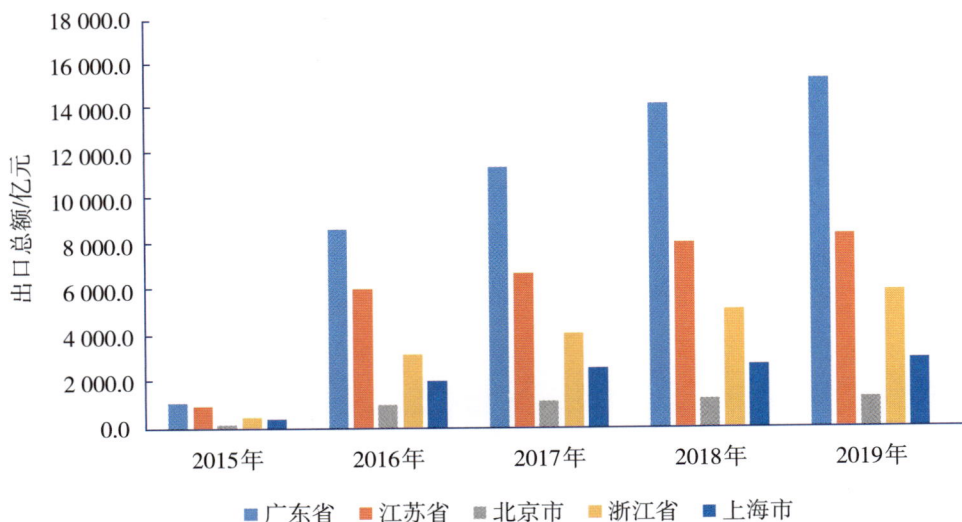

图 4 - 22　2015—2019 年广东省与主要省市高新技术企业出口总额对比

第五章

高新技术企业认定条件解读与问题解答

20 世纪 90 年代初，国务院批准建立国家高新技术产业开发区，拉开我国高新技术企业发展序幕。[①] 2006 年、2007 年推广实施《国家中长期科学与技术发展规划纲要》（2006—2020 年）、《中华人民共和国企业所得税法》（2007 年），为提升我国高新技术企业自主创新能力，实现产业升级发展，2008 年 4 月，科技部、财政部、国家税务总局联合制定《高新技术企业认定管理办法》（国科发火〔2008〕172 号）。为确保《高新技术企业认定管理办法》高效规范，同步配套出台《高新技术企业认定管理工作指引》（国科发火〔2008〕362 号）。根据《中华人民共和国企业所得税法》及其实施条例有关规定，为加大科技型企业特别是中小企业的政策扶持力度，有力推动大众创业、万众创新，培育创造新技术、新业态和提供新供给的生力军，促进经济升级发展，2016 年，科技部、财政部、国家税务总局对《高新技术企业认定管理办法》进行了修订完善。同年配套出台《高新技术企业认定管理工作指引》（国科发火〔2016〕195 号），对高新技术企业认定组织与实施、认定流程、认定条件、监督管理、重点支持的高新技术领域等方面进行完善。

正确理解把握高新技术企业认定相关政策，对申报高企十分关键，本章将从八大认定条件、八大技术领域、八项认定流程、八张填报表格依次展开解读。

第一节　高新技术企业认定之"四个八"

一、八大认定条件

《高新技术企业认定管理办法》（国科发火〔2016〕32 号，以下简称《认定办法》）第三章第十一条规定，认定为高新技术企业须同时满足以下条件：

（一）企业申请认定时须注册成立一年以上；

（二）企业通过自主研发、受让、受赠、并购等方式，获得对其主要产品（服务）在技术上发挥核心支持作用的知识产权的所有权；

（三）对企业主要产品（服务）发挥核心支持作用的技术属于《国家重点支持的高新技术领域》规定的范围；

（四）企业从事研发和相关技术创新活动的科技人员占企业当年职工总数的比例不低于 10%；

（五）企业近三个会计年度（实际经营期不满三年的按实际经营时间计算，下同）的研究开发费用总额占同期销售收入总额的比例符合如下要求：

1. 最近一年销售收入小于 5 000 万元（含）的企业，比例不低于 5%；

---

① 郭建平，等. 高新技术企业认定申请实务指导［M］. 北京：科学技术文献出版社，2020：3 - 6.

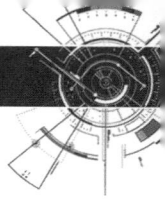

2. 最近一年销售收入在 5 000 万元至 2 亿元（含）的企业，比例不低于 4%；

3. 最近一年销售收入在 2 亿元以上的企业，比例不低于 3%。

其中，企业在中国境内发生的研究开发费用总额占全部研究开发费用总额的比例不低于 60%；

（六）近一年高新技术产品（服务）收入占企业同期总收入的比例不低于 60%；

（七）企业创新能力评价应达到相应要求；

（八）企业申请认定前一年内未发生重大安全、重大质量事故或严重环境违法行为。

二、八大技术领域

国家重点支持的高新技术领域含八个，分别为电子信息、生物与新医药、航空航天、新材料、高技术服务、新能源与节能、资源与环境、先进制造与自动化，在八大一级技术领域下设有 52 个二级目录、257 个三级目录（本部分仅包含二级目录）。

1. 电子信息

①软件；②微电子技术；③计算机产品及其网络应用技术；④通信技术；⑤广播影视技术；⑥新型电子元器件；⑦信息安全技术；⑧智能交通和轨道交通技术。

2. 生物与新医药

①医药生物技术；②中药、天然药物；③化学药研发技术；④药物新剂型与制剂创制技术；⑤医疗仪器、设备与医学专用软件；⑥轻工和化工生物技术；⑦农业生物技术。

3. 航空航天

①航空技术；②航天技术。

4. 新材料

①金属材料；②无机非金属材料；③高分子材料；④生物医用材料；⑤精细和专用化学品；⑥与文化艺术产业相关的新材料。

5. 高技术服务

①研发与设计服务；②检验检测认证与标准服务；③信息技术服务；④高技术专业化服务；⑤知识产权与成果转化服务；⑥电子商务与现代物流技术；⑦城市管理与社会服务；⑧文化创意产业支撑技术。

6. 新能源与节能

①可再生清洁能源；②核能及氢能；③新型高效能量转换与储存技术；④高效节能技术。

7. 资源与环境

①水污染控制与水资源利用技术；②大气污染控制技术；③固体废弃物处置与综合利用技术；④物理性污染防治技术；⑤环境监测及环境事故应急处理技术；⑥生态环境建设与保护技术；⑦清洁生产技术；⑧资源勘查、高效开采与综合利用技术。

8. 先进制造与自动化

①工业生产过程控制系统；②安全生产技术；③高性能、智能化仪器仪表；④先进

制造工艺与装备；⑤新型机械；⑥电力系统与设备；⑦汽车及轨道车辆相关技术；⑧高技术船舶与海洋工程装备设计制造技术；⑨传统文化产业改造技术。

三、八项认定流程

《高新技术企业认定管理工作指引》（国科发火〔2016〕195号，以下简称《工作指引》）第二部分认定程序具体包含以下方面：

（一）自我评价

企业应对照《认定办法》和本《工作指引》进行自我评价。

（二）注册登记

企业登录"高新技术企业认定管理工作网"（网址：www.innocom.gov.cn），按要求填写《企业注册登记表》（附件1），并通过网络系统提交至认定机构。认定机构核对企业注册信息，在网络系统上确认激活后，企业可以开展后续申报工作。

（三）提交材料

企业登录"高新技术企业认定管理工作网"，按要求填写《高新技术企业认定申请书》（附件2），通过网络系统提交至认定机构，并向认定机构提交下列书面材料：

1. 《高新技术企业认定申请书》（在线打印并签名、加盖企业公章）；

2. 证明企业依法成立的《营业执照》等相关注册登记证件的复印件；

3. 知识产权相关材料（知识产权证书及反映技术水平的证明材料、参与制定标准情况等）、科研项目立项证明（已验收或结题项目需附验收或结题报告）、科技成果转化（总体情况与转化形式、应用成效的逐项说明）、研究开发组织管理（总体情况与四项指标符合情况的具体说明）等相关材料；

4. 企业高新技术产品（服务）的关键技术和技术指标的具体说明，相关的生产批文、认证认可和资质证书、产品质量检验报告等材料；

5. 企业职工和科技人员情况说明材料，包括在职、兼职和临时聘用人员人数、人员学历结构、科技人员名单及其工作岗位等；

6. 经具有资质并符合本《工作指引》相关条件的中介机构出具的企业近三个会计年度（实际年限不足三年的按实际经营年限，下同）研究开发费用、近一个会计年度高新技术产品（服务）收入专项审计或鉴证报告，并附研究开发活动说明材料；

7. 经具有资质的中介机构鉴证的企业近三个会计年度的财务会计报告（包括会计报表、会计报表附注和财务情况说明书）；

8. 近三个会计年度企业所得税年度纳税申报表（包括主表及附表）。

对涉密企业，须将申请认定高新技术企业的申报材料做脱密处理，确保涉密信息安全。

（四）专家评审

认定机构收到企业申请材料后，根据企业主营产品（服务）的核心技术所属技术领域在符合评审要求的专家中，随机抽取专家组成专家组，对每个企业的评审专家不少于5人

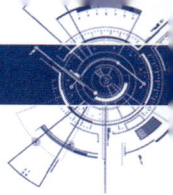

（其中技术专家不少于 60% ，并至少有 1 名财务专家）。每名技术专家单独填写《高新技术企业认定技术专家评价表》（附件 3），每名财务专家单独填写《高新技术企业认定财务专家评价表》（附件 4），专家组长汇总各位专家分数，按分数平均值填写《高新技术企业认定专家组综合评价表》（附件 5）。具备条件的地区可进行网络评审。

（五）认定报备

认定机构结合专家组评审意见，对申请企业申报材料进行综合审查（可视情况对部分企业进行实地核查），提出认定意见，确定认定高新技术企业名单，报领导小组办公室备案，报送时间不得晚于每年 11 月底。

（六）公示公告

经认定报备的企业名单，由领导小组办公室在"高新技术企业认定管理工作网"公示 10 个工作日。无异议的，予以备案，认定时间以公示时间为准，核发证书编号，并在"高新技术企业认定管理工作网"上公告企业名单，由认定机构向企业颁发统一印制的"高新技术企业证书"（加盖认定机构科技、财政、税务部门公章）；有异议的，须以书面形式实名向领导小组办公室提出，由认定机构核实处理。

领导小组办公室对报备企业可进行随机抽查，对存在问题的企业交由认定机构核实情况并提出处理建议。

认定流程如下图所示：

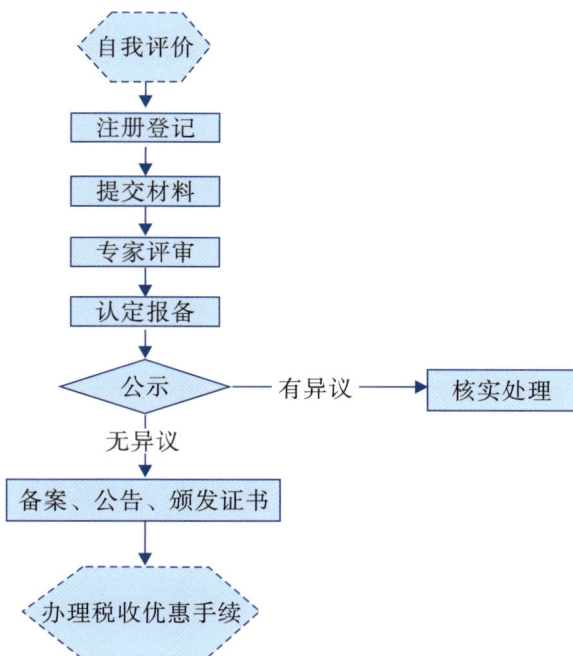

为完善高企认定事后监督机制，在日常认定流程中专家评审后将增加数据校检环节，国家及省认定管理部门会同各级财政、税务、质监、环境等管理部门，通过部门间数据比对校验，核实企业申报数据的一致性，对信息严重不一致的企业进行重点核查。

公示公告过程后为办理税收优惠手续程序。自认定当年起，企业可持"高新技术企业"证书及其复印件，按照《中华人民共和国企业所得税法》（以下简称《企业所得税法》）及《中华人民共和国企业所得税法实施条例》（以下简称《实施条例》）、《中华人民共和国税收征收管理法》（以下简称《税收征管法》）、《中华人民共和国税收征收管理法实施细则》（以下简称《实施细则》）、《认定办法》和《工作指引》等有关规定，到主管税务机关办理相关手续，享受税收优惠。

未取得高新技术企业资格或不符合《企业所得税法》及其《实施条例》、《税收征管法》及其《实施细则》，以及《认定办法》等有关规定条件的企业，不得享受高新技术企业税收优惠。

高新技术企业资格期满当年内，在通过重新认定前，其企业所得税暂按15％的税率预缴，在年度汇算清缴前未取得高新技术企业资格的，应按规定补缴税款。

四、八张填报表格

企业在申报高企时，应前往相应的高新技术企业认定管理系统（以下简称"管理系统"）平台进行填报。在管理系统中企业需准确填报主要情况、知识产权汇总表、人力资源情况表、企业研究开发活动情况表、企业年度研究开发费用结构明细表、上年度高新技术产品（服务）情况表、企业创新能力表和企业参与国家标准或行业标准制定情况汇总表八个部分。

在填报时企业应参照《认定办法》《国家重点支持的高新技术领域》和《工作指引》的要求进行统计填报。

表内填报的所有财务数据须出自专项报告、财务会计报告或纳税申报表，除此之外在填报过程中还应注意材料间应存在逻辑关联性，以真实反映企业科技创新能力。

（一）主要情况

该部分需准确概括并汇总填写企业所属技术领域、知识产权汇总及分类数量、人员信息总情况、近三年经营情况、近三年研究开发费用总额及境内研发费用总额、基础研究投入费用总额、近一年企业总收入和高新技术产品（服务）收入、事故及违法行为声明的情况等内容。该部分是为了展示企业总体发展水平、规模，提供总体认知。

（二）知识产权汇总表

该部分主要对企业知识产权情况进行汇总，具体包含知识产权编号、知识产权名称、类别、授权日期、授权号、获得方式。

（三）人力资源情况表

该部分需要分别对企业人员总体情况、科技人员情况及人员结构（学历、职称、年龄）的实际情况进行统计，统计时间应截至申报截止日的当年。委托外部机构开展实质研

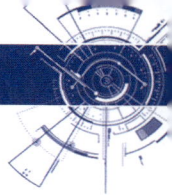

发工作的相关人员，如满足 183 天的科技人员条件要求，可以计入科技人员数，这样也可优化企业人员布局结构。

（四）企业研究开发活动情况表（近三年执行的活动，按单一活动填报）

该部分是判断企业研发活动及研发费用的重要参考，其中技术专家否定的研发项目所对应的研发经费将被同步核减。填写时应注重企业研发活动、自主知识产权、高新技术产品（服务）间关联性。

企业应将最能体现技术研发水平的项目放在首位，研发项目核心技术应与技术领域保持一致。

（五）企业年度研究开发费用结构明细表（按近三年每年分别填报）

该部分是对各项研发项目产生的细分费用结构内容进行填报，主要包含内部研究开发费用（人员人工费用、直接投入费用、折旧费用与长期待摊费用、无形资产摊销费用、设计费用、装备调试费用与试验费用、其他费用）、委托外部研究开发费用（境内的外部研发费用）、研究开发费用（内、外部）小计，填报内容应与专项审计报告相符，填报数字应保留小数点后两位。具体请参看本书第六章相关内容。

（六）上年度高新技术产品（服务）情况表［按单一产品（服务）填报］

该部分需填写产品（服务）名称、技术领域、技术来源、上年度销售收入、知识产权编号、是否主要产品（服务）、关键技术及主要技术指标、与同类产品（服务）的竞争优势、知识产权获得情况及其对产品（服务）在技术上发挥的支持作用，主要用于体现企业科技创新能力研究，在阐述时应重点突出产品的核心技术优势，列出主要技术指标以及该项产品（服务）对应的关键技术。

（七）企业创新能力

该部分应对知识产权对企业竞争力的作用、科技成果转化情况、研究开发与技术创新组织管理情况、管理与科技人员情况几个部分进行填写。

（八）（加分项）企业参与国家标准或行业标准制定情况汇总表

该部分为企业加分项，需企业据实填写所参与的国家标准或行业标准制定情况，具体含标准名称、标准级别、标准编号、参与方式，填写须与附件佐证资料相一致。

第二节　高新技术企业认定的政策解读与问题解答

一、年限

《认定办法》第三章第十一条第一款规定："企业申请认定时须注册成立一年以上。"

1. 政策要点

年限、一年以上、当年、近一年。

2. 政策解读

（1）一年以上：《认定办法》规定企业申请认定时须注册成立一年以上，即企业注册成立时间365日历天数以上。申请认定的企业营业执照上的注册时间与申请认定通知中截止时间的间隔必须大于365个日历天数。

（2）当年、最近一年、近一年：指上一个会计年度。会计年度一般指公司进行财务结算的执行年度。

（3）近三个会计年度：指企业申报前的连续三个会计年度。例如，2021年申报，近三个会计年度是指2018年、2019年、2020年三个会计年度，未到三年的，按照实际年限计算。

3. 问题解答

问1：A公司于2020年4月1日在中国广州注册成立，2021年5月15日是否可以申报高企？B公司2020年8月1日注册成立，2021年5月15日是否可申报高企？

答： A公司从注册成立到申报高企的时间是365天+1.5个月，超过365天，可以申报高企。

B公司从注册成立到申报高企的时间是365天-2.5个月，不超过365天，不可以申报高企。

《认定办法》第十一条中"须注册成立一年以上"是指企业须注册成立365个日历天数以上。

问2：A公司为境内个人独资企业，B公司为境内合伙企业，是否可以申报高企？

答： 不可以申报高企。

《中华人民共和国企业所得税法》第一章第一条规定："在中华人民共和国境内，企业和其他取得收入的组织（以下统称'企业'）为企业所得税的纳税人，依照本法的规定缴纳企业所得税。个人独资企业、合伙企业不适用本法。"个人独资企业、合伙企业均不缴纳企业所得税。

A、B公司均不属于境内注册的居民企业，因此不可以申报高企。

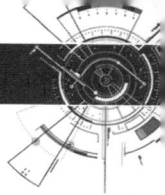

《认定办法》总则中指出企业需为"在中国境内（不包括港、澳、台地区）注册的居民企业"。

问 3：A 公司为境内（非港、澳、台地区）独资企业，但公司于申报前一个会计年度出现亏损状态，企业净利润为负，是否可以申报高企？

答：可以申报高企。

《认定办法》及《工作指引》并未对初创期且亏损的企业设置条件要求，只是对企业近三年的销售收入及净资产增长率两个指标进行评价。

问 4：A 公司为总公司，B 公司为分公司，请问是否可以申报高企？

答：A 公司可以申报高企，B 公司不可以申报高企。

分公司作为集团总公司的分支机构，不具备独立法人资格，不能申报高企。

《认定办法》中指出，高新技术企业需为在中国境内（不包括港、澳、台地区）注册的居民企业。

二、知识产权

《认定办法》第三章第十一条第二款规定："企业通过自主研发、受让、受赠、并购等方式，获得对其主要产品（服务）在技术上发挥核心支持作用的知识产权的所有权。"

1. 政策要点

获得方式、知识产权、存续期、共有。

2. 政策解读

（1）中国境内：知识产权审查授权或者审批审定须在中国境内，在中国法律的有效保护期内。国外的知识产权不能申报，只能作为成果转化运用。

（2）知识产权权属人：必须是申报企业，如果属于企业创始人、法定代表人、董事长或总经理等的，需将知识产权转让给企业后方可使用。

（3）知识产权分类：分为Ⅰ类知识产权和Ⅱ类知识产权，其中，按Ⅰ类评价的知识产权包括发明专利（含国防专利）、植物新品种、国家级农作物品种、国家新药、国家一级中药保护品种、集成电路布图设计专有权等；按Ⅱ类评价的知识产权包括实用新型专利、外观设计专利、软件著作权等（不含商标）。按Ⅱ类评价的知识产权，申请高企时，仅限使用一次。

（4）有效性：申请认定时专利的有效性以企业申请认定前获得授权证书或授权通知书并能提供缴费收据为准。受让知识产权须完成备案才有效，系统申报时会自动通过国家知识产权库进行比对，判定有效性。

（5）多个权属人：在申请高新技术企业及高新技术企业资格存续期内，知识产权有多个权属人时，只能由一个权属人在申请时使用。Ⅰ类或Ⅱ类知识产权，均不允许两个以上权属人同时或者重复申报使用。知识产权为多个权属人的，申报时需出具相关权属人放弃

申报的承诺书。

（6）关联性：知识产权应与技术领域、研发活动、成果转化、高新产品（服务）产生相关联。自主研发的知识产权应来源于企业的研发活动，企业将研发活动形成的成果进行转化，转化的结果即形成新产品（服务）、新工艺、新材料等。

3. 问题解答

问 5：A 公司和 B 公司为某项发明专利的共有权属人，A 公司在 2020 年认定高企时使用了该项发明专利，那么 B 公司在 2021 年申报高企时是否可以再次使用？

答：B 公司不可以再次使用。

《工作指引》"三、认定条件；（二）知识产权"中指出："5. 在申请高新技术企业及高新技术企业资格存续期内，知识产权有多个权属人时，只能由一个权属人在申请时使用。"

问 6：A 为母公司、B 为子公司，那么母公司 A 所有的发明、实用新型、软著等相关知识产权 B 是否可用来申报高企？

答：此类问题需视情况而定。

B 公司以作为子公司，且独立核算运营，具备独立法人资格，在知识产权权属人未变更为 B 公司前，不可直接使用。如 A 公司未使用该知识产权申请过高企认定，权属人变更为 B 公司后，B 公司可以使用，如 A 公司在申请高企时使用过该知识产权，B 公司则不能再次使用。

《工作指引》"三、认定条件；（二）知识产权"中指出："3. 高新技术企业认定中，对企业知识产权情况采用分类评价方式，其中：发明专利（含国防专利）、植物新品种、国家级农作物品种、国家新药、国家一级中药保护品种、集成电路布图设计专有权等按 I 类评价；实用新型专利、外观设计专利、软件著作权等（不含商标）按 II 类评价。""4. 按 II 类评价的知识产权在申请高新技术企业时，仅限使用一次。""5. 在申请高新技术企业及高新技术企业资格存续期内，知识产权有多个权属人时，只能由一个权属人在申请时使用。"

问 7：某公司员工拥有公司主营业务相关发明专利一项，且已在该公司工作 6 年，公司是否可用该专利申报高企？

答：不可以。

知识产权权属人，必须是企业自身。知识产权权属人是企业创始人个人或其他个人的，需要转让给企业方可使用。

《工作指引》"三、认定条件；（二）知识产权"中指出："1. 高新技术企业认定所指的知识产权须在中国境内授权或审批审定，并在中国法律的有效保护期内。知识产权权属人应为申请企业。"

问 8：A 公司于 2019 年在中国、英国分别获得授权一项与主营业务相关的知识产权，申报国内高企时是否均可使用？

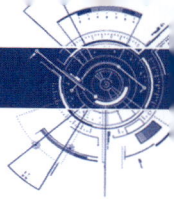

答：A公司在国内申请并获得授权的有效知识产权可以使用，国外申请专利不能使用，但可以作为成果转化的技术来源。

《工作指引》"三、认定条件；（二）知识产权"中指出："1. 高新技术企业认定所指的知识产权须在中国境内授权或审批审定，并在中国法律的有效保护期内。知识产权权属人应为申请企业。"

问9：A公司、B公司同年申报高企，A公司将自主研发的一项发明专利转让给B公司，B公司能否使用该专利？

答：若以此种方式进行申报，A、B公司都存在申报风险，建议不要这样操作。同一项专利只能由一个权属人申请时使用。企业在申报时，国家系统会对知识产权进行查重和有效性大数据比对，该项知识产权存在多个申报主体重复使用的情况，将影响高企申报。

《工作指引》"三、认定条件；（二）知识产权"中指出："5. 在申请高新技术企业及高新技术企业资格存续期内，知识产权有多个权属人时，只能由一个权属人在申请时使用。""6. 申请认定时专利的有效性以企业申请认定前获得授权证书或授权通知书并能提供缴费收据为准。"

三、技术领域

《认定办法》第三章第十一条第三款规定："对企业主要产品（服务）发挥核心支持作用的技术属于《国家重点支持的高新技术领域》规定的范围。"

1. 政策要点

技术领域、高新技术产品（服务）、主要产品（服务）。

2. 政策解读

（1）技术领域：企业在选择技术领域时，应综合考虑科技成果、成果转化、高新技术产品（服务）等方面。企业需按照自身主要产品（服务）所属领域，查找对比"三级技术领域"中的技术内容进行确定，同时核对"核心自主知识产权"目录中的专利是否大多数对应"三级技术领域"中的技术范畴的成果，以确保知识产权的支撑作用。当确定企业知识产权、主要产品都对应某个"三级技术领域"时，企业则可依此选择自己所属技术领域。

（2）高新技术产品（服务）：指对其发挥核心支持作用的技术属于《国家重点支持的高新技术领域》规定范围的产品（服务）。

（3）主要产品（服务）：指高新技术产品（服务）中，拥有在技术上发挥核心支持作用的知识产权的所有权，且收入之和在企业同期高新技术产品（服务）收入中超过50%的产品（服务）。

3. 问题解答

问10：A公司是一家饼干生产企业，申报高企应如何选择技术领域？

答：如果A公司在食品发酵方面有核心的知识产权，一级领域可选"生物与新医

药", 二级领域可选"轻工和化工生物技术", 三级领域可选"微生物发酵技术", 四级领域可选"降低成本的微生物发酵新工艺和技术"。

问 11: A 公司为纺织品生产加工企业, 是否能申报高企?

答:《认定办法》《工作指引》所指申报条件中并未对企业类型进行限定。传统生产类企业不应仅将是否为传统产品作为高新技术产品的判断依据, 应依据企业运用的核心技术是否符合国家重点支持的高新技术领域判别。建议考虑开发的新纺织品和新生产设备及生产线等方面的知识产权内容后再进行申报。

四、人员

《认定办法》第三章第十一条第四款规定:"企业从事研发和相关技术创新活动的科技人员占企业当年职工总数的比例不低于 10%。"

1. 政策要点

科技人员、职工总数、临时、兼聘人员。

2. 政策解读

(1) 企业科技人员分三类:①直接从事研发和相关技术创新活动的 (例如研发部人员);②专门从事上述活动管理的 (例如技术副总, 累计实际工作时间 183 天以上);③提供直接技术服务的 (例如品管部、公司检测中心人员)。

在职在岗情况:全职、兼职、临时聘用。其中, 兼职、临时聘用人员须在企业工作183 天以上 (自然日, 不是工作日)。

科技人员名单:按照申报认定时上一年度的科技人员数。

科技人员依照研发活动的过程设定相应岗位 (例如:信息系统开发包括需求调研、数据采集等, 又如, 产品开发包括样品设计、配方设计、工艺控制、样品测试、产品中试等)。

(2) 职工总数。

包括全职、兼职、临时聘用。其中, 兼职、临时聘用人员应以 183 天以上个自然日为统计标准, 非工作日。

当年科技人员数、职工总数按照全年月平均数计算。

月平均数 = (月初 + 月末) ÷ 2

全年月平均数 = 全年各月平均数之和 ÷ 12

年度中间开业或者终止经营活动的, 以其实际经营期作为一个纳税年度确定上述相关指标。

工作时间 183 天应以申请认定前一年作为统计时段。

3. 问题解答

问 12: A 公司为 B 公司的母公司, 在产品研发期间, 经常派遣员工到 B 公司进行支撑工作, 则 B 公司在申报高企时, 应如何统计此类员工?

答: 建议企业按照多种情况综合考虑, 如果是短期派遣, 合同、社保、薪资均由 A 公

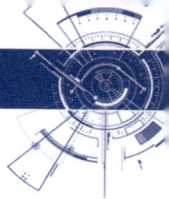

司发放，且该职工在 A 公司的累计工作时间在 183 天以上，则仍算作 A 公司人员。如薪资、社保均由 B 公司发放，且符合在 B 公司的累计工作时间在 183 天以上条件要求则应计入 B 公司。

问 13：据统计某公司科技人员数 3 月初 30 人，3 月末 20 人，其余月份科技人员月初、月末数均为 30 人，应如何计算月平均数，全年月平均数应如何确定？

答：若各月员工均满 183 天的条件下，则职工总数 3 月平均数应为 25 人，全年月平均数应约为 30 人。

$$[(30+20)/2+(30+30)/2 \times 11]/12 \approx 30（人）$$

五、研发费用

《认定办法》第三章第十一条第五款规定："企业近三个会计年度（实际经营期不满三年的按实际经营时间计算，下同）的研究开发费用总额占同期销售收入总额的比例符合如下要求：

"1. 最近一年销售收入小于 5 000 万元（含）的企业，比例不低于 5%；

"2. 最近一年销售收入在 5 000 万元至 2 亿元（含）的企业，比例不低于 4%；

"3. 最近一年销售收入在 2 亿元以上的企业，比例不低于 3%。

"其中，企业在中国境内发生的研究开发费用总额占全部研究开发费用总额的比例不低于 60%。"

1. 政策要点

研究开发费用、研究开发活动、销售总收入。

2. 政策解读

（1）研究开发活动：《工作指引》指出："研究开发活动是指，为获得科学与技术（不包括社会科学、艺术或人文学）新知识，创造性运用科学技术新知识，或实质性改进技术、产品（服务）、工艺而持续进行的具有明确目标的活动。不包括企业对产品（服务）的常规性升级或者对其某项科研成果直接应用活动（如直接采用新的材料、装置、产品、服务、工艺或知识等）。"

关键点：获得新知识、创造性运用新知识、技术实质性改进。

（2）高企研发费用归集的范围：人员人工费用、直接投入费用（与研发活动相关）、折旧费用与长期待摊费用、无形资产摊销费用、设计费用、装备调试费用与试验费用、委托外部研究开发费用、其他费用。

研发费用的有关案例详见第六章。

六、高新技术产品（服务）收入

《认定办法》第三章第十一条第六款规定："近一年高新技术产品（服务）收入占企

业同期总收入的比例不低于 60%。"

1. 政策要点

高新技术产品（服务）收入、同期总收入。

2. 政策解读

（1）高新技术产品（服务）收入是指，企业通过研发和相关技术创新活动，取得产品（服务）收入与技术性收入的总和。对企业取得上述收入发挥核心支持作用的技术属于《国家重点支持的高新技术领域》规定的范围。

（2）技术性收入是指：①技术转让收入，即通过技术贸易、技术转让所获得收入；②技术服务收入，即企业利用自己的人力、物力和数据系统等为社会和本企业外的用户提供技术资料、技术咨询与市场评估、工程技术项目设计、数据处理、测试分析及奇特类型的服务所得的收入；③接受委托研究开发收入，即企业承担社会各方面委托研究开发、中间试验及新产品开发所获得的收入。

企业应当正确计算高新技术产品（服务）收入，由具有资质并符合《工作指引》相关条件的中介机构进行专项审计或鉴证。

（3）总收入是指，收入总额减去不征税收入；收入总额与不征税收入按照《中华人民共和国企业所得税法》《中华人民共和国企业所得税法实施条例》的规定计算。

高新技术产品（服务）收入有关案例分析详见第六章。

七、企业创新能力评价

《认定办法》第三章第十一条第七款规定："企业创新能力评价应达到相应要求。"

1. 政策要点

知识产权先进性/核心支持/数量/获得方式、科技成果转化能力、研究开发组织管理水平、企业成长性。

2. 政策解读

（1）知识产权：评价指标包括技术先进程度、对主要产品（服务）在技术上发挥核心支持作用、知识产权数量、获得方式等方面。

（2）科技成果：是指通过科学研究与技术开发所产生的具有实用价值的成果（专利、版权、集成电路布图设计等）。科技成果转化是指为提高生产力水平而对科技成果进行的后续试验、开发、应用、推广直至形成新产品、新工艺、新材料，发展新产业等活动。

（3）科技成果转化能力：转化形式包括自行投资实施转化，向他人转让该技术成果，许可他人使用该科技成果，以该科技成果作为合作条件、与他人共同实施转化，以该科技成果作价投资、折算股份或者出资比例，以及其他协商确定的方式。由技术专家根据企业科技成果转化总体情况和近三年内科技成果转化的年平均数进行综合评价。

（4）研究开发组织管理水平：是指企业研究开发与技术创新组织管理水平情况。应围绕企业设立于研发、管理相关的管理制度、研发辅助账、开展的相关产学研合作、奖励激励制度、培训及人才奖励制度建立等多方面。

（5）企业成长性：从企业净资产增长率、销售收入增长率等指标来评价企业的成长性。不满三年的应按实际经营时间进行计算。

3. 问题解答

问 14：A 公司为卫浴生产企业，自 2017 年以来通过自主研发或受让方式拥有如下知识产权（见表 5-2），此类实用新型专利基本属于结构和功能的改进优化。公司是否能够用于申报高企？

表 5-2　A 公司知识产权情况

年份	专利类别及数量	获得方式及数量	核心技术
2017 年	实用新型 3 项	自主研发 2 项、受让 1~2 项	一种带新型感应的龙头、一种自动清洗的台盆
2018 年	实用新型 3 项、外观 5 项	自主研发 6 项、受让 2 项	一种挂壁感应洗手液容器、大理石台盆
2019 年	实用新型 2 项、外观 2 项	自主研发 2 项、受让 2 项	一种挂壁式冲水马桶、时尚清洗机

答：公司可依据现有的知识产权进行申报。

就公司目前拥有的知识产权情况看，所具备的实用新型基本都属于对结构和功能的改进优化，可以用于高企申报。

问 15：A 公司为一家物流快递企业，拥有运单快递系统、快递传送系统、货运跟踪等 100 多项知识产权，如该公司申报高企，在知识产权核心支撑作用方面是否有优势？

答：公司在知识产权方面拥有数量优势，这些知识产权是否对主营业务发挥核心支撑作用，还要从公司研发活动、成果转化、高新技术产品（服务）的前后逻辑性与关联性来综合评价。

问 16：A 公司为中药药物研发企业，在填写科技成果转化材料时显示成果名称多为"一种××分拣系统""网站访客分析系统"等知识产权名称，这样填写是否可以？

答：不可以。

中药药物研发企业技术领域应属于"生物与新医药"，成果转化所形成的新产品、新工艺应当与该技术领域紧密关联。而"一种××分拣系统""网站访客分析系统"属于电子信息领域，与其主营业务技术领域无关。

问 17：A 公司研发所获得的知识产权是否可作为成果转化结果？

答：不可以。

公司所获得的知识产权仅作为企业成果转化阶段性过程材料之一，科技成果转化是指为提高生产力水平而对科技成果进行的后续试验、开发、应用、推广直至形成新产品、新

工艺、新材料，发展新产业等活动，成果转化必须要形成一定的结果。

问18：A公司拥有若干研发成果，但均未形成新产品、新工艺、新材料，这种是否可以作为成果转化？

答：不可以。

拥有研发成果但未形成新产品、新工艺、新材料是不可作为成果转化材料的，但可以作为企业研发活动及研发管理水平等佐证材料。

问19：A公司将同一项自有技术分别在国内外进行成果转化，是否可以算作2次转化？

答：不可以。

同一科技成果分别在国内外转化的，或转化为多个产品、服务、工艺、样品、样机等的，只计为1项。

问20：A公司与某高校和科研院所、科技企业均开展了多种合作，请问此类合作材料是否可作为产学研合作活动佐证？

答：可以。

产学研合作活动并非仅指面向高校及科研院所开展的合作活动，与从事研发相关的科技型企业合作也包含在内。最好提供合作开发合同及研发经费付款凭证等佐证材料。

问21：A公司在企业研发组织管理水平方面应准备哪些佐证材料？

答：公司制定的研发立项报告、研发费用辅助账、产学研合同，需注意此类资料应与技术合作协议及研发过程资料相关联，同时也应提供制度管理过程中所要求的转账支付凭证、发票证明等，要有研发中心的总体结构及具体人员配置，其人员要与研发人员一致；研发中心要有检测仪器及调试设备与技术指标，要附有对应的实物照片，公司内部制定的人力引进制度、奖励制度等方面的制度文件，培训证明等材料，对应的都要有实施的证明材料，如成果激励和人力培训方面的现场图片、奖励奖金薪资签领单或签到等材料；人才引进的聘用劳动合同等；创新创业大赛证书等。

注：企业如想形成一份完备的成果转化链条，应按照技术—合同—检测/应用—产品前后顺序、逻辑关联进行准备。例如：

（1）专利、软件著作权、国家和行业标准等；

（2）产品销售合同、技术服务合同及销售发票（有具体技术指标要求）；

（3）科技成果鉴定报告、科技成果奖励证书、项目和产品验收证书、新产品证书等；

（4）产品检测报告（应有技术指标）、软件测评报告（应有程序代码等）、技术评估报告、查新报告等；

（5）用户使用报告、客户反馈意见等；

（6）样品、样机及其性能参数。

八、安全、事故、环境违法

《认定办法》第三章第十一条第八款规定："企业申请认定前一年内未发生重大安全、重大质量事故或严重环境违法行为。"

1. 政策要点

重大安全、重大质量事故、严重环境违法、申请认定前一年。

2. 政策解读

（1）重大安全事故可在广东省应急管理局网站查询；重大质量事故可在广东省市场监督管理局网站查询；严重环境违法行为可在广东省生态环境厅网站查询。

（2）有效期内的高新技术企业发生下列违法行为之一的，属"严重环境违法行为"：①犯污染环境罪，指有效期内的高新技术企业被法院生效裁判文书认定构成污染环境罪；②被列入省级环境违法黑名单，指有效期内的高新技术企业被省政府列入环境违法"黑名单"企业。

申请认定前一年，指认定申报相应批次截止日之前一年，如2020年8月15日申报高企，则前一年是指2019年8月15日—2020年8月15日。

3. 问题解答

问22：A公司为B公司的母公司，2019年A公司因排放废水、废气被县环保局责令整改并进行处罚。B公司如若申报2020年高企，是否会受影响？

答：可以申报。

B公司作为子公司，且独立核算运营具备独立法人资格，公司申报并不受母公司A的违法行为申报受限，B公司在符合其他相应申报条件下可以申报2020年的高企。

第三节　与高新技术企业申报有关的专有名词解释

1. 居民企业

居民企业是指《中华人民共和国企业所得税法实施条例》第三条规定，指依法在中国境内成立，或者依照外国（地区）法律成立但实际管理的企业，包括依照中国法律、行政法规在中国境内成立的企业、事业单位、社会团体以及其他取得收入的组织。

2. 总收入

总收入是指收入总额减去不征税收入。收入总额与不征税收入按照《中华人民共和国企业所得税法》及《中华人民共和国企业所得税法实施条例》的规定计算。

3. 不征税收入

《中华人民共和国企业所得税法》第七条规定："收入总额中的下列收入为不征税收入：（一）财政拨款；（二）依法收取并纳入财政管理的行政事业性收费、政府性基金；

（三）国务院规定的其他不征税收入。"

4. 科技成果转化

科技成果转化是指企业为提高生产力水平而进行的研发活动所产生的关键技术，以及对科学研究与技术开发所产生的具有实用价值的科技成果所进行的后续试验、开发、应用、推广直至形成新产品、新工艺、新材料，发展新产业等活动。

5. 研究开发活动

研究开发活动是指为获得科学与技术（不包括社会科学、艺术或人文学）新知识，创造性运用科学技术新知识，或实质性改进技术、产品（服务）、工艺而持续进行的具有明确目标的活动。不包括企业对产品（服务）的常规性升级或对某项科研成果直接应用等活动（如直接采用新的材料、装置、产品、服务、工艺或知识等）。判断方法主要分为：行业标准判断法、专家判断法、目标或结果判定法。

6. 研究开发费用的归集范围

（1）人员人工费用。

包括企业科技人员的工资薪金、基本养老保险费、基本医疗保险费、失业保险费、工伤保险费、生育保险费和住房公积金，以及外聘科技人员的劳务费用。

（2）直接投入费用。

直接投入费用是指企业为实施研究开发活动而实际发生的相关支出。包括：

①直接消耗的材料、燃料和动力费用；

②用于中间试验和产品试制的模具、工艺装备开发及制造费，不构成固定资产的样品、样机及一般测试手段购置费，试制产品的检验费；

③用于研究开发活动的仪器、设备的运行维护、调整、检验、检测、维修等费用，以及通过经营租赁方式租入的用于研发活动的固定资产租赁费。

（3）折旧费用与长期待摊费用。

折旧费用是指用于研究开发活动的仪器、设备和在用建筑物的折旧费。

长期待摊费用是指研发设施的改建、改装、装修和修理过程中发生的长期待摊费用。

（4）无形资产摊销费用。

无形资产摊销费用是指用于研究开发活动的软件、知识产权、非专利技术（专有技术、许可证、设计和计算方法等）的摊销费用。

（5）设计费用。

设计费用是指为新产品和新工艺进行构思、开发和制造，进行工序、技术规范、规程制定、操作特性方面的设计等发生的费用，包括为获得创新性、创意性、突破性产品进行的创意设计活动发生的相关费用。

（6）装备调试费用与试验费用。

装备调试费用是指工装准备过程中研究开发活动所发生的费用，包括研制特殊、专用的生产机器，改变生产和质量控制程序，或制定新方法及标准等活动所发生的费用。

为大规模批量化和商业化生产所进行的常规性工装准备和工业工程发生的费用不能计入归集范围。

试验费用包括新药研制的临床试验费、勘探开发技术的现场试验费、田间试验费等。

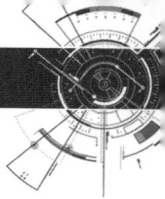

（7）委托外部研究开发费用。

委托外部研究开发费用是指企业委托境内外其他机构或个人进行研究开发活动所产生的费用（研究开发活动成果为委托方企业拥有，且与该企业的主要经营业务紧密相关）。委托外部研究开发费用的实际发生额应按照独立交易原则确定，按照实际发生额的80%计入委托方研发费用总额。

（8）其他费用。

其他费用是指上述费用之外与研究开发活动直接相关的其他费用，包括技术图书资料费、资料翻译费、专家咨询费、高新科技研发保险费，研发成果的检索、论证、评审、鉴定、验收费用，知识产权的申请费、注册费、代理费，会议费、差旅费、通讯费等。此项费用一般不得超过研究开发总费用的20%，另有规定的除外。

第六章

研发费用、高新技术产品（服务）收入归集

第一节　企业研发活动的一般概念

《企业会计准则第6号—无形资产》中提到："研究是指为获取并理解新的科学或技术知识而进行的独创性的有计划调查。开发是指在进行商业性生产或使用前，将研究成果或其他知识应用于某项计划或设计，以生产出新的或具有实质性改进的材料、装置、产品等。"

《高新技术企业认定管理工作指引》（以下简称《工作指引》）中提到："研究开发活动是指，为获得科学与技术（不包括社会科学、艺术或人文学）新知识，创造性运用科学技术新知识，或实质性改进技术、产品（服务）、工艺而持续进行的具有明确目标的活动。不包括企业对产品（服务）的常规性升级或对某项科研成果直接应用等活动（如直接采用新的材料、装置、产品、服务、工艺或知识等）。"

《关于完善研究开发费用税前加计扣除政策的通知》（以下简称《加计扣除》，财税〔2015〕119号）中提到："所称研发活动，是指企业为获得科学与技术新知识，创造性运用科学技术新知识，或实质性改进技术、产品（服务）、工艺而持续进行的具有明确目标的系统性活动。"

对比以上定义，可见关于装置、产品、服务、工艺或知识等，三者的内容基本一致，均是研究和开发阶段活动。

第二节　企业研发费用的归集（研发费用实务性内容）

一、研发费用归集的方法

1. 研发活动的费用分类

当企业开展研发活动，发生经济资源的投入，会计应当进行恰当的记录，进行规范的会计核算。企业对研发费用的核算主要是依照《企业会计准则第6号—无形资产》及其《应用指南》、《附录—会计科目和主要账务处理》、《财政部关于企业加强研发费用财务管理的若干意见》（财企〔2007〕194号）。会计准则并没有具体限定研发费用的内容，因此在会计科目核算的研发费用范畴比较广泛。

《工作指引》规定的研发费用一共有八项内容，分别是人员人工费用、直接投入费用、折旧费用与长期待摊费用、无形资产摊销费用、设计费用、装备调试费用与试验费用、委托外部研究开发费用、其他费用，并对各项内容做出具体的定义。

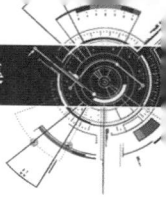

《关于完善研究开发费用税前加计扣除政策的通知》（财税〔2015〕119号）也规定了研发费用的归集范围，但两个文件对研发费用的归集存在部分差异，也就是归集统计的口径不同。企业实际发生的研发费用，在填报高企认定的企业年度研究开发费用结构明细表时，其结果可能与企业所得税年度纳税申报表中的研发费用加计扣除优惠情况明细表所确认的研发费用存在不一致。

企业会计核算的研发费用，除该项活动应属于企业会计核算的研发费用，除该项活动应属于研发活动外，并无过多限制条件。高新技术企业认定口径的研发费用，其主要目的是判断企业研发投入强度、科技实力是否达到高新技术企业标准，因此对人员费用、其他费用等方面有一定的限制。研发费用加计扣除政策口径的研发费用，其主要目的是细化哪些研发费用可以享受加计扣除政策，引导企业加大核心研发投入，因此政策口径最小。只有符合规定范围的研发项目立项之后，研发期间，开展研发活动发生的，核算（归集）至具体研发项目的研发费用，才属于可加计扣除的研发费用和高新认定的研发费用。

2. 会计核算的方法

目前财务会计对研发费用的核算方法大致有两种：一是在成本类科目设置研发支出，分别按"资本化支出"和"费用化支出"核算；二是直接设置"管理费用—研发费用"科目。

无论采取何种核算方式，按照《关于修订印发2019年度一般企业财务报表格式的通知》（财会〔2019〕6号）规定，企业应通过资产负债表的"开发支出"和利润表的"研发费用"来反映会计核算的结果。填报《中华人民共和国企业所得税年度纳税申报表（A类，2017年版)》时，应在A104000《期间费用明细表》的"十九、研究费用"填报当年计入管理费用的研究开发费。如果是有效期内的高新技术企业，还需要填报A107041《高新技术企业优惠情况及明细表》。也就是说，企业会计报表与企业所得税纳税申报表中，研发费用的填报金额要具有合理的逻辑性。

笔者认为，企业需在会计据实核算的原则上，首先通过会计科目全面核算研发费用，区分资本化和费用化，在此基础上，根据不同的目的对会计信息进行应用。比如申报高新技术企业，应先梳理确认是否已将近三年的研发费用规范核算，如有差错，要进行必要的会计调整，以及考虑更正同期企业所得税申报表。对照高企认定办法及指引的具体要求，对包括直接研究开发活动和可以计入的间接研究开发活动所发生的费用进行归集，逐一界定会计已核算的研发费用与高企认定政策的差异，调整后的研发费用企业应按照企业年度研究开发费用结构明细表设置高新技术企业认定专用研究开发费用辅助核算账目，最后填写《高新技术企业认定申请书》中的企业年度研究开发费用结构明细表（见表6-1）。

表6-1　研发费用辅助账（参考）

研发项目名称：　　　　　　　　　　　　　　　　　　　　　　　　　　　　　　　　　　　　单位：元

20××年		凭证号	摘要	会计科目	人员人工费用	直接投入费用	折旧费用与长期待摊费用	无形资产摊销费用	设计费用	装备调试费用与试验费用	委托外部研究开发费用	其他费用
月	日											
合计												

二、研发费用不同口径的归集内容

目前研发费用归集主要有三个口径：一是会计核算口径，由《财政部关于企业加强研发费用财务管理的若干意见》（财企〔2007〕194号）规范；二是高新技术企业认定口径，由《科技部　财政部　国家税务总局关于修订印发〈高新技术企业认定管理工作指引〉的通知》（国科发火〔2016〕195号）规范；三是加计扣除税收规定口径，由财税〔2015〕119号文件和第97号公告、第40号公告规范。三个口径相比较，存在一定的差异。

1. 人员人工费用

《工作指引》中指企业科技人员的工资薪金、基本养老保险费、基本医疗保险费、失业保险费、工伤保险费、生育保险费和住房公积金，以及外聘科技人员的劳务费用。

（1）按申报清单核实科技人员名单。

科技人员是指在公司研发机构（部门）直接参加项目研究开发的人员（包括外聘人员）。企业董事长、总经理、财务、行政、销售、市场、文员、后勤等与研发无关的人员不列入科技人员范围。研发部门确定各个年度科技人员名单，然后将科技人员合理分配到当年的研发项目中，据此编制科技人员清册；各年度科技人员名单不要求完全一致，企业需提供科技人员学历或职称证书复印件及劳动合同，人员数量应和各年度的项目数量和项目规模相匹配。

（2）核实科技人员工资。

核实企业实际支付给科技人员的工资，以科技人员个人所得税申报表的数据为准。工资的所属期应当为本年度，工资的金额要与申报的个人所得税数据具有合理的一致性和逻辑性。

在具体实务中，不同口径偏差较大，而且争议也是比较多的。会计口径通常核算了包括与研发直接相关和间接相关的人员人工，既包含了全职人员，也包含了兼职和临聘、劳务派遣等各种用工形式所发生的人员人工。《工作指引》限定了人员人工的归集范围：即科技人员，科技人员具有波动性，而研发费用中的人员人工需要归集的是近三年的费用，

因此需要逐年界定符合"科技人员"定义的人员并归集其人工。

【案例】

案例1：企业有 A、B、C 三个科技研发人员，月度标准工作日是 22 天，某月的工时考勤表如表 6-2 所示：

表6-2 研发部门工时考勤表

部门	姓名	工作时间/天	项目1（RD01）	项目2（RD02）	项目3（RD03）	总工时合计/天	研发工时合计/天
研发部	A	22	5	5	12	22	22
研发部	B	22	10	5	—	22	15
研发部	C	22	—		10	22	10
合计		66	15	10	22	66	47

研发部门负责人：　　　　　　　　　　　　　　　　　　　　　　编制人：

案例分析：若科技研发人员 C 在本年度累计实际工作时间达不到 183 天，那么即使已经分配并核算的研发费用，但在归集高企研发费用辅助账时，应对 C 的费用予以剔除。对于外聘的科技研发人员，建议企业签订聘用合同，合同条款中应包括从事研发活动的名称和内容、工作岗位、工作时间（全年 183 天以上）、薪酬及支付方式等。

表6-3 科技研发人员工时汇总及工资分配表

姓名	本月总工时/天	项目1（RD01）	项目2（RD02）	项目3（RD03）	合计	分摊系数（研发工时/总工时）	当月薪酬（含五险一金）/元	分摊到研发费用的人员人工/元
A	66	10	15	25	50	75.75%	15 350	11 627.62
B	66	20	20	—	40	60.60%	12 200	7 393.20
C	66	—	—	30	30	50.00%	9 680	4 840.00

研发部门负责人：　　　　　　　　　　　　　　　　　　　　　　编制人：

2. 直接投入费用

直接投入费用是具体实务中，涵盖范围最广、涉及费用种类最多、归集工作量也比较大的内容。企业为实施研究开发项目而直接消耗的原材料等相关支出。例如：水和燃料（包括煤气和电）的使用费等；用于中间试验和产品试制达不到固定资产标准的模具、样品、样机及一般测试手段购置费、试制产品的检验费等；用于研究开发活动的仪器设备的简单维护费；以经营租赁方式租入的固定资产发生的租赁费等。

部分企业直接投入的材料、燃料动力及模具等费用是通过制造费用等科目核算形成存货价值，最终通过营业成本进入损益，未单独列研发支出，而且像水电费等费用由于未单独计量，与生产使用有时无法分清，只能根据历史经验比例大致测算，而这个比例是否合理有时很难界定。直接投入中还包括经营租赁方式租入的固定资产发生的租赁费，有一些申报企业本身无自己的厂房设备等固定资产，其生产经营全部是靠租赁其他企业的资产，而且多数是关联企业，租赁费偏低甚至是无偿使用。这给研发费用的归集带来困难，按实际价格计算与市场情况不符，且按市场价格计算又无入账依据。此种情况可以参考如下方式：

（1）技术部门提供各个研发项目的耗材明细表、燃料动力耗用比例；财务部门根据耗材明细表和账面材料的领用情况，对原材料投入按项目进行归集；研发用燃料动力费用如果能和生产活动明确分清各自用量，可直接计入研发费用，否则应根据燃料动力耗用比例进行折算；检验费等其他直接投入归集办法与材料、燃料动力费用基本相同。

（2）计入直接投入费用需有研发项目领用原材料的领料单或试制试验品的生产通知单、发票、合同等。对上述直接投入的发生额应当结合研发项目的实际情况进行合理性分析。

（3）直接投入支出的各项费用以合法票据及耗用单据为依据，发生时间须为当年1月1日至当年12月31日期间。

【案例】

案例2：A公司从事数据应用相关软件的开发和服务。20××年因研发项目需要，与某电信企业乙签订合同，约定将A公司的设备托管在乙企业的机房，A公司在托管期间可使用乙企业机房的相关设施及相关服务。乙企业每年收取托管服务费每季度10万元，发票内容是"增值电信服务"。

案例分析：该费用符合以经营租赁方式租入的用于研发活动的固定资产租赁费的定义，因此可归集为"直接投入费用"。如果该季度期间同时涉及多项研发项目，则A公司应编制相关费用分配表（见表6-4）。

表6-4　租赁费汇总及工资分配表（参考）

费用类型	本月总工时/天	项目1（RD01）	项目2（RD02）	项目3（RD03）	合计	分摊系数（研发工时/总工时）	金额/元	分摊到研发费用的人员人工/元
设备托管费								
合计								

研发部门负责人：　　　　　　　　　　　　　　　　　　　　编制人：

在日常实务中，企业发生的比如防火墙、云服务器、数据库或者是资源包等，均可归

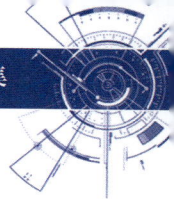

集在"直接投入费用"，如果企业无具体的研发工时统计，按同时实施的项目数量平均分摊也是一种方法。

案例3：B公司从事特种设备定制生产，业务模式为接受客户定制需求，立项开展研发并完成特种设备的制造。B公司认为每一台设备均是研发的结果，因此将全部相关费用计入研发费用。

案例分析：笔者认为，B公司应恰当地区分研发和制造所发生的费用。在接受客户需求并立项研发阶段，可以计入研发费用，研发已经取得的成果（如获得了新技术、新工艺）时，研发阶段结束。后续与设备相关的投入，应计入生产成本。

3. 折旧费用与长期待摊费用

折旧费用与长期待摊费用包括为执行研究开发活动而购置的仪器和设备以及研究开发项目在用建筑物的折旧费用，包括研发设施改建、改装、装修和修理过程中发生的长期待摊费用。

企业研发项目和产品生产共用部分厂房设备，折旧费用在研发和生产间的分配比例不好确定；或者多个研发项目间的分摊依据不好确定。可根据企业的实际情况和各个研发项目间的研发周期来进行折旧费的归集和分配。

参考采取的处理方式：由资产管理部门或财务部门提供固定资产清单，内容至少应包括资产名称、原值、启用日期、使用年限/月折旧额、各年末累计折旧等要素；研发部门从中筛选用于研发的固定资产清单，并且需按专门用于研发的资产和生产共用的资产两大类进行划分，还应将各资产合理分配到具体研发项目中去；财务部门根据研发固定资产清单，计算出各单项资产的年度折旧费用。归集折旧费用时，专门用于研发的资产折旧费用可直接计入研发支出，与生产共用的资产则应按一定的比例折算计入，最终归集出各年度用于研发的折旧费用总额。在折算比例上没有统一的标准，有多种方法可以选择，比如，机器设备可以按工作量法折算，中试车间、科研楼、实验室等房屋建筑物可以按面积比例折算，折算比例也可以由相关部门根据经验统计数据在合理范围内确定；长期待摊费用可直接计入研发费用，其他的则只要采取合理的比例折算计入即可（见表6-5）。

表6-5　多用途仪器设备运行工时统计表（参考）

固定资产名称	数量	一般生产运行/小时	研发运行/小时	运行总工时/小时	研发占比/%	备注

研发部门负责人：　　　　　　　　　　　　　　　　　　生产部门负责人：

【案例】

案例 4： C 公司从事高端机械装备的研制开发和销售，企业会计核算的研究开发费用—折旧费用和长期待摊费用总额为 500 万元。在编制高新技术研发费用辅助账时，重新梳理会计明细账时有以下情况：

①当年 2 月研发设备中新增一台设备为在建工程转入，入账价值为 102 万元，当年共计提 17 万元的折旧。

②研究开发中心使用的一台小轿车，共计提折旧 8 万元。

③研发设备中有一台价值 400 万元的大型设备，其折旧额 240 万元全部计入研究开发费用。

④长期待摊费用当中包含产品、样品展厅的装修费 72 万元。

案例分析：

①该在建工程是在上一年 10 月份的开发支出当中形成，研究开发费用已经在当年度研究开发费用的××装置研发项目中归集过。因此本年会计计提的折旧费 17 万元应予以剔除。

②由于小轿车的折旧费用难以界定到具体的研发项目，基于谨慎原则，折旧 8 万元予以剔除。

③该设备存放在生产车间，属于生产和研发共用设备，经重新核算，不属于研究开发活动分摊的折旧额为 96 万元。按照生产与研究开发费用共用设备应按照合理依据进行分摊的原则，不属于研究开发活动分摊的折旧费 96 万元予以剔除。

④产品、样品展厅的装修费因与研发项目不直接相关而予以剔除。

经过调整，高新技术研发费用辅助账的折旧费用和长期待摊费用合计金额为 307 万元。

值得注意的是，企业的会计核算和研发费用的专项归集应该区分，上述费用不一定是会计差错进行调账处理，而只需要在高新技术企业研发费用专项归集时核减即可。

4. 设计费用、装备调试费用与试验费用

（1）设计费用：为新产品和新工艺进行构思、开发和制造，进行工序、技术规范、规程制定、操作特性方面的设计等发生的费用，包括为获得创新性、创意性、突破性产品进行的创意设计活动发生的相关费用。如果是内部发生的，应当有企业的相关研发会议或讨论的记录、相关费用凭证，相关费用与上述记录须有相关性；如果是外部发生的，应当按委托合同、相关费用单据确定其合理性、相关性。

设计费用是委托第三方进行的，因此委托设计时应签订合同，合同条款包括名称和内容、设计目的、预期达到的效果、时间节点、费用和付款方式等。企业应注意，企业自设的设计部门进行设计所发生的费用，应分别对应归集为人员人工费用、直接投入费用等，而不应归集为设计费。设计费与委托外部研发费用的区分界限比较模糊，通常是看合同中是否存在约定研发成果归委托方所有的条款，一般情况下，设计委托的目的是完成研发项目部分内容，通常不涉及成果（如专利申请），而委托外部研发则可能是比较独立的研发项目，较大可能产生成果。

企业为其他公司自主研发的某个项目提供相应的图纸、工艺、技术规范等研发技术服

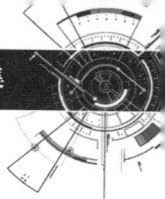

务和咨询服务，归类时将其作为受托研发或者是合作研发，这类费用在自主研发方是作为设计费用的。

（2）装备调试费用：主要包括工装准备过程中研究开发活动所发生的费用（如研制生产机器、模具和工具，改变生产和质量控制程序，或制定新方法及标准等）。为大规模批量化和商业化生产所进行的常规性工装准备和工业工程发生的费用不能计入。

上述费用计入研发费须有相关生产指令通知单、相关生产的领料单及相关生产记录；对新形成的生产机器、模具和工具应当有企业相关的研发活动总结记录及验收或检验报告（最好是外部权威机构的，必要时企业内部的验收或检验报告亦可）；对改变生产和质量控制程序或制定新方法及标准等应当获取企业新的控制程序记录或拟定新的标准（因保密，企业不便对外提供的，应当获取企业确认的程序更新或新标准的审批记录与发文记录）。

对上述费用发生的合理性、相关性进行分析。应当注意是否存在将大规模批量化和商业化生产所进行的常规性工装准备和工业工程发生的费用计入装备调试费用的情况。

（3）试验费用：包括新药研制的临床试验费、勘探开发技术的现场试验费、田间试验费等。

装备调试费用与试验费用也应注意在合同中注明项目名称、测试试验的目的和意义、参数、指标等内容。测试和试验，被委托方通常要具备相应资质并交付测试试验报告。

【案例】

案例5：A公司是一家生产铝合金零部件的企业，20××年研究开发项目共5项，完成了3项，其中，获得1项发明、2项实用新型。研究开发费用明细账20××年发生的5个RD共发生装备调试费用180万元。具体是制作压铸件模具研究开发的调试费，由模具进入工装调试到试制品完成发生的装备调试费用，其中完成的样品后，模具当中有10万元的领用耗材，以及按试制品应当分摊的水电费2万元。

案例分析：根据《工作指引》，直接消耗的材料、燃料和动力费用属于研究开发活动当中的直接投入费用；制模耗材不属于装备调试费用。因此，在编制研发费用辅助账时，企业需将12万元从"装备调试费用"调整至"直接投入费用"。

5. 无形资产摊销费用

该费用是指用于研究开发活动的无形资产（包括专利、非专利发明、许可证、专有技术、设计和计算方法等）所发生的摊销费用。

（1）计入研发费以购入合同和发票为准，分析相关资产用于研发的合理性与适当性。

（2）如涉及摊销费用在研发项目与其他项目如生产成本、管理费用等之间的分配，还应当复核其分配方法、程序是否适当。

6. 委托外部研究开发费用

该费用是指企业委托境内其他企业、大学、研究机构、转制院所、技术专业服务机构和境外机构进行研究开发活动所发生的费用（项目成果为委托方企业拥有，且与该企业的主要经营业务紧密相关）。委托外部研究开发费用的发生金额应按照独立交易原则确定。在认定过程中，按照委托外部研究开发费用发生额的80%计入研发费用总额。

对委托外部研究开发费用，应当获取企业的委托合同，检查发票和银行转账单，并获

取受托单位主要参与研发人员的学历、职称等情况；如果是委托其他企业进行研发，应当获取受托企业的营业执照复印件并复核企业是否有相关的资质、能力、人员等从事委托研发活动。对项目成果共同拥有的，应当获取合作开发协议，并按照独立交易原则及约定项目成果享有比例，确认研究开发费用发生金额。

【案例】

案例6： C公司是生产销售小型机车发动机的企业。在对某型号发动机的研发过程中，针对汽缸盖的排气结构设计，因本企业研发人员缺乏相应的专业能力，因此将该项内容委托给D科研院并签订了委托研发协议。根据协议，D科研院的工作是负责设计新的汽缸盖结构，形成样品并实现C公司所需的技术指标，最后所有技术资料交付。同时协议规定，如该项目申请专利为双方共同所有。

项目最终顺利完成，C公司支付项目开发费100万元，并申请实用新型专利一项，权利人为C公司和D科研院。

案例分析： C公司应根据《工作指引》的规定，将100万元计入研发费用—委托外部研发费用。在编制研发费用辅助账时，该笔支出按80万元归集。

7. 其他费用

《工作指引》所指与研究开发活动直接相关的其他费用，包括技术图书资料费、资料翻译费、专家咨询费、高新科技研发保险费，研发成果的检索、论证、评审、鉴定、验收费用，知识产权的申请费、注册费、代理费、会议费、差旅费、通讯费等。此项费用一般不得超过研究开发总费用的20%，另有规定的除外。对其他费用的发生，应根据相关费用的单据、合同，分析相关费用的合理性与相关性。注意研发费用与研发项目、知识产权的关联性。相关业务是否属于《工作指引》规定的范围，比如，与研发活动相关的研发人员差旅费、科技查新费就可归为研究开发费用的"其他费用"。

对于20%的限额，《工作指引》未明确说明是不超过年度研发费用的20%，还是要求每个RD均不得超过20%。笔者认为，《工作指引》规定，企业的研究开发费用是以单个研发活动为基本单位分别进行测度并加总计算的。因此，企业单个研发项目"研究开发费用—其他费用"支出，不得超过该研发项目研究开发费用的20%。

【案例】

案例7： A公司从事高分子分离膜材料制备的开发和销售，近一年研究开发费用明细账研究开发项目共发生研究开发支出850万元，其中，"其他费用"共136万元。企业会计核算明细如下：

①20××年10月其他费用当中列支一项新产品的3C认证支出3万元。

②研发部门和行政部门共用一栋办公大楼，有25万元折旧摊销归入了研发费用的"其他费用"，但企业未对共用部分的折旧进行合理分摊。

③其中有5笔差旅费共计35万元计入研发费用"其他费用"。差旅人员有研究开发人员，也有其他部门人员，且无出差记录显示与研发活动相关。

案例分析： 在编制研发费用辅助账时，要做如下调整：①产品3C认证费3万元、与

研究开发活动无相关性的差旅费 35 万元，应当予以剔除；②研发部和行政部门共用办公大楼的折旧未合理分摊，且分类有误，基于谨慎原则，25 万元应予以剔除。调整之后，研发费用辅助账合计的"其他费用"金额为 73 万元。

8. 跨期研发费用的处理（选择合适的分摊模式）

（1）按工作量比例分摊：以研发项目的总研发工作时长（计量单位可以是"小时"或者"天"）为基础进行分摊。

（2）按人员数量比例分摊：以研发项目的人员数量为基础进行分摊。

（3）按项目预算进行分摊：以研发项目的预算金额为基础进行分摊。

第三节 企业的高新技术产品（服务收入归集）

目前，我国高新技术领域共有八大类：电子信息、生物与新医药、航空航天、新材料、高技术服务、新能源及节能、资源与环境、先进制造与自动化。

一、高新技术产品（服务）收入的定义与范围

高新技术产品（服务）收入是指企业通过研发和相关技术创新活动，取得的产品（服务）收入与技术性收入的总和。可以理解为，企业拥有在技术上发挥核心支持作用的知识产权所有权，技术属于《国家重点支持的高新技术领域》规定范围的产品（服务），其取得的销售（服务）收入需占企业全部收入的 60% 以上。其中，技术性收入包括：

（1）技术转让收入：指企业技术创新成果通过技术贸易、技术转让所获得的收入；

（2）技术服务收入：指企业利用自己的人力、物力和数据系统等为社会和本企业外的用户提供技术资料、技术咨询与市场评估、工程技术项目设计、数据处理、测试分析及其他类型的服务所获得的收入；

（3）接受委托研究开发收入：指企业承担社会各方面委托研究开发、中间试验及新产品开发所获得的收入。

和产品收入一样，企业提供技术性收入需要同时符合三项条件，才能认为是高新技术服务收入；提供的技术性服务应当属于《国家重点支持的高新技术领域》规定的范围；技术性服务必须是企业利用自己的人力、物力、财力和技术创新成果对外提供服务；提供的技术性服务必须与企业研究开发项目、核心自主知识产权有关联。

二、高新技术产品（服务）收入的界定

在日常实务中，存在高新技术产品（服务）收入界定的难点。划分高新技术产品（服务）的界限，不能局限在是否为传统产品，比如电线电缆、日化产品、食品调料、布

料等；也不能以行业来划分，比如建筑业、城市管理服务、教育服务等。从产品（服务）的形态来看，较难对应其归属的领域，而实际评审中，关注的应该是其使用的技术是否符合《国家重点支持的高新技术领域》的要求，也就是说并非所有的传统产品或传统服务都不能被认定为高新技术产品（服务），关键是实现的过程是否使用了新技术。

确认收入关键点：

（1）技术转让该项技术对应的无形资产所有权的主要风险和报酬是否转移。

（2）对应当年内完成的技术转让合同、技术服务、接受委托研究开发等合同，是否及时、完整地确认收入。

（3）对于存在跨期劳务、完工的技术承包合同、技术服务等合同，是否按会计准则确认收入。

（4）核对技术性收入明细表包括辅助账在内的明细账，复核加计扣除是否正确，并与技术性收入明细账合计数复核是否相符，检查上述收入是否属于《国家重点支持的高新技术领域》规定的范围。

通过自主研发、外购等方式取得技术形成的知识产权在会计上确认为"无形资产"。与技术有关的转让、技术服务、接受委托研究开发的收入区分不同情况确认：

受托研究开发技术，并不直接形成其自有的无形资产或者是自主拥有的知识产权。相应收入开具的发票名称应为"技术开发费"，而不是"技术服务费"或其他名称；在技术转让的同时，为研发活动受托技术在转化过程中耗费是以销售成本方式实现，而不是归属在"研发支出"（管理费用—研发费用）科目。

企业利用自己的人力、物力和数据系统等技术为社会和本企业外的用户提供技术资料、技术咨询等服务的情况最为复杂，技术的知识产权所有权和实施许可并不是一个层次的东西。收入准则对企业向客户授予技术类的知识产权被认为是企业日常经营业务，常见的包括专利权、非专利技术、商标权等，这类情况在软件行业尤为明显——出售软件产品同时授权许可的情况比较常见。

软件企业对于取得计算软著证书的嵌入式软件产品，核算上分开核算软件和硬件部分，方便增值税即征即退优惠政策；但对外销售时或者是参与高企认定时，不能将软硬件分开，嵌入式软件本身不能单独销售，必须和硬件一起才能构成产品对外销售；嵌入式软件整体都应当认定为高新技术产品收入。

三、高新技术产品（服务）收入的核算

企业会计对收入的核算，对于收入的分类一般不作具体要求。因此不同的企业设置收入明细账的种类是千差万别的。但是作为申报高新技术企业，则对高新技术产品（服务）的分类要有统一的表达标准，因此企业需在会计核算收入明细的基础上，编制高新技术产品（服务）收入辅助核算账。

高新技术产品（服务）收入的归集可以参考如下几种方法：

（1）高新技术产品的成本单独核算，对高新技术产品出库分类，以备查辅助账的形式

记录完整信息；

（2）在仓库出库单基础上，对主营收入科目进行分类归集，将高新技术产品和传统产品区分清楚；

（3）发票品名或者备注栏标注高新技术产品收入名称；

（4）对高新服务类收入，可以按梳理服务合同，按合同逐项归集收入。

【案例】

案例 1：××公司是一家提供信息科技的有限公司，拥有多项自行开发软件。2020 年拟申请高新技术企业申请认定。A 会计师事务所接受该公司委托进行专项审计，A 会计事务所在对该公司高新技术产品（服务）收入进行审计时发现：

2019 年，企业确认了一笔为 B 公司信息共享软件的技术性转让收入 85 万元。查阅相关凭证、银行进账单、发票等资料，发票抬头为 B 公司。但是，审计人员查阅该公司 2017—2019 年期间资料，并未发现和 B 公司有关的软件著作权登记资料。审计人员详细审核该交易合同并询问相关人员后才知道，该共享软件是 B 公司委托该公司开发，合同明确规定软著权归 B 公司所有。

案例分析：对 B 公司提供 85 万元技术转让收入分类有误。按照《工作指引》规定，该收入属于承担社会各方面委托研究开发、中间试验及新产品开发所获得的收入，而非企业技术创新成果通过技术贸易、转让所获得的收入。

案例 2：A 公司在大数据库方面拥有自己的多项软件著作权和优势，B 电商平台需要利用 A 公司的大数据库对电商平台建设 VIP 商户管理集成系统。为保证系统正常运行，该平台同时将硬件安装部分也委托给 A 公司实施。合同约定总价是 550 万元，包括软件和硬件部分。A 公司将其列入了 2019 年的研发项目 RD03，对应产生的高新技术产品收入中，采购的硬件部分是 125 万元。A 公司将 550 万元整体确认为 2019 年的技术服务收入。

案例分析：A 公司为 B 电商平台提供的是技术服务，而不是销售嵌入式软件产品；该公司不生产相关硬件，也无相关硬件的知识产权权属，硬件部分只属于一般产品销售，不应当归为高新技术产品（服务）收入。因此，企业应将硬件部分的 125 万元从高新技术产品（服务）收入当中进行剔除。

第四节　有关高企认定申报财务方面案例及案例分析

案例 1：某企业研发费用归集在自查过程中发现如下问题：企业职工总数 35 人，研发人员 31 人，31 人在 2018 年的工资、公司支付的社保、住房公积金共计 290 万，全部计入研发费用。该企业研发费用归集是否合理？

案例分析：上述企业研发人员占据总人数比例过高，将研发人员的全部工资计入研发费用缺乏合理依据，应当根据实际参与研发人员的职责分工，区分专门研发人员及辅助研

发人员，编制研发人员工时比例分配表，结合研发人员的考勤或工作记录等辅助证明研发费用归集的合理性。

建议从如下方法进行调整：①规范研发费用的会计核算方法，根据企业实际经营状况选择会计科目。②编制工时比例分配表、审批单等作为研发费用合理归集的有效凭证。③编制研发费用辅助账，注重原始凭证、各项目费用、各科目费用归集的合理性与一致性。

案例2：A公司是科技企业，2020年度发生自主研发费320万元，其中人员人工费用100万元。直接投入费用200万元：包括研发活动直接消耗材料费用80万元，研发活动直接消耗燃料费60万元，研发活动直接消耗动力费30万元，用于试制产品的检验费30万元。其他相关费用20万元：包括资料翻译费、专家咨询费10万元，职工福利费5万元，差旅费5万元。委托境内的机构进行研发活动发生费用200万元，委托境外的机构进行研发活动发生的费用为500万元。A企业允许加计扣除的研发费是多少？

案例分析：A企业可享受研发费用加计扣除金额如下：

$$(320 + 200 \times 80\% + 320) \times 75\% = 600 （万元）$$

注意：委外机构研发费取 $500 \times 80\% = 400$（万元）与 $(320 + 200 \times 80\%) \times 2/3 = 320$（万元）孰低。

案例3：C公司主营化学产品的研发，属于国家重点扶持的高新技术企业。企业在归集研发费用时，将研发费加计扣除和会计核算口径、高新技术企业认定研发费用归集口径相混淆，将办公费、通讯费、研发人员培训费、培养费等归集到其他相关费用加计扣除。

案例分析：研发费用的归集口径有多种，通常有会计核算口径、高新技术企业认定口径和加计扣除税收规定口径，不同的口径存在一定差异。加计扣除税收规定口径对允许扣除的研发费用的范围采取的是正列举方式，对没有列举的项目，不可以享受加计扣除优惠。

案例4：D公司主营化学产品的研发、生产等业务，其4个研发项目已形成专利权并向市场推广，但企业仍将开发部门的后续支出在"研发支出—费用化支出"科目中归集，全年没有无形资产摊销费用产生，未按照《企业会计准则》的要求作资本化处理。

案例分析：根据《关于完善研究开发费用税前加计扣除政策的通知》（财税〔2015〕119号）文件规定，企业应按照国家财务会计制度要求对研发支出进行会计处理。核算中，除研发费用和生产经营费用以及不征税收入用于研发和自有资金用于研发未分别核算或划分不清等情况外，应按照会计准则把握研发费用归集时的资本化时点。

案例5：C公司主营化学产品的研发，该公司从事研发活动的人员同时也从事非研发活动，用于研发活动的仪器、设备、无形资产，同时也用于生产经营，企业未采用合理方法在研发费用和生产经营费用间分配。

案例分析：根据《国家税务总局关于研发费用税前加计扣除归集范围有关问题的公告》（国家税务总局公告2017年第40号）的规定，研发人员、仪器、设备等同时用于非

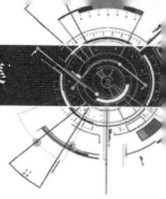

研发活动的，企业应"做必要记录，并将其实际发生的相关费用按实际工时占比等合理方法在研发费用和生产经营费用间分配，未分配的不得加计扣除"。因此，共用的费用未合理分配不能加计扣除。

案例6： A软件开发公司为B信息公司提供金额为200万元软件开发业务，时间为2020年3月1日至2020年11月30日。当年，A公司还取得了软件使用费80万元，软件维护收入30万元，电脑设备出租收入15万元。A公司提供的服务拥有相关软著权。

请问，会计销售收入、税法确认收入和高新技术产品（服务）收入分别是多少？

案例分析： 会计核算将软件开发所得200万元、软件使用费80万元，以及软件维护收入30万元，作为主营业务收入；电脑设备出租收入15万元，一般企业可根据自身业务特点对租赁收入核算科目指定为"其他业务收入"。

软件开发收入200万元作为受托研究开发收入，软件使用费、软件维护费共110万元可作为技术性服务收入，电脑设备出租与企业提供高新技术产品（服务）无关，不计入高新技术产品（服务）收入。

所以，会计销售收入、税法确认收入为325万元，高新技术产品（服务）收入为310万元。

案例7： 某企业2019年委托境外机构研发支出200万元人民币；委托境外个人研发支出60万元人民币；委托境内机构研发支出100万元；委托境内个人研发支出50万元；自研支出300万元。上述研发费用取得合规票据，全部费用化处理。

案例分析：

1. 会计核算口径

在会计核算口径中，所有的委外研发支出全额计入"研发支出"，并在企业所得税税前扣除。会计处理（不考虑研发支出费用分类）如下：

（1）借：研发支出—委外研发　　　　　410

　　　　自研支出　　　　　　　　　300

　　　贷：银行存款（应付账款等）　　　　710

（2）借：管理费用：研发支出　　　　　710

　　　贷：研发支出—委外研发　　　　　410

　　　　自研支出　　　　　　　　　300

2. 高新认定口径

《科技部　财政部　国家税务总局关于修订印发〈高新技术企业认定管理工作指引〉的通知》（国科发火〔2016〕195号文）附件《高新技术企业认定管理工作指引》中关于"企业研究开发费用占比"中的"委托外部研究开发费用"的规定："委托外部研究开发费用是指企业委托境内外其他机构或个人进行研究开发活动所发生的费用（研究开发活动成果为委托方企业拥有，且与该企业的主要经营业务紧密相关）。委托外部研究开发费用的实际发生额应按照独立交易原则确定，按照实际发生额的80%计入委托方研发费用总额。"

可见，高新认定口径中的委外研发费用不区分委托境内研发或者委托境外研发，也不区

分委托机构研发还是委托个人研发，均按照实际发生额的80%计入委托方研发费用总额。

据此，本案例中可计入高新认定口径的委外研发费用为：410×80%＝328（万元）。

假设该企业自研支出均符合高新认定口径规定，则该企业2019年高新认定口径的研发支出总金额为：328＋300＝628（万元）。

特别提醒：高新技术企业认定时，委外研发费用不仅要按80%计算，还要考虑另一个因素，即企业在中国境内发生的研究开发费用总额占全部研究开发费用总额的比例不低于60%（国科发火〔2016〕32号文的规定）。这里的研发费用指的是高新认定口径，非会计核算口径。

3. 税前加计扣除口径

（1）委托境内机构和个人进行研发 《财政部　国家税务总局　科技部关于完善研究开发费用税前加计扣除政策的通知》（财税〔2015〕119号）规定："企业委托外部机构或个人进行研发活动所发生的费用，按照费用实际发生额的80%计入委托方研发费用并计算加计扣除，受托方不得再进行加计扣除。"

因此，该企业支付的境内委托费用100＋50＝150（万元）的80%，即120万元可以加计75%在企业所得税税前扣除。

（2）委托境外机构进行研发 《财政部　税务总局　科技部关于企业委托境外研究开发费用税前加计扣除有关政策问题的通知》（财税〔2018〕64号）规定："委托境外进行研发活动所发生的费用，按照费用实际发生额的80%计入委托方的委托境外研发费用。委托境外研发费用不超过境内符合条件的研发费用三分之二的部分，可以按规定在企业所得税前加计扣除。"

该企业委托境外机构研发支出为200万元，其80%为160万元；假设该企业自研支出均符合税收加计口径的规定，则境内符合条件的研发费用为300＋120＝420（万元），其三分之二部分为280万元。160＜280，因此，该企业委托境外机构研发支出中的160万元允许加计75%，即120万元在企业所得税税前扣除。

（3）委托境外个人进行研发 《财政部　税务总局　科技部关于企业委托境外研究开发费用税前加计扣除有关政策问题的通知》（财税〔2018〕64号）规定："本通知所称委托境外进行研发活动不包括委托境外个人进行的研发活动。"因此，该企业委托境外个人研发支付的费用60万元不得加计。

（4）该企业2019年度发生的研发费用税前扣除金额。

①实际支付的研发费用全部允许税前扣除：
$$200＋60＋100＋50＋300＝710（万元）$$

②实际支付的研发费用允许加计扣除的基数：
$$300＋（100＋50）×80\%＋200×80\%＝580（万元）$$

③研发费用允许加计扣除的金额：
$$580×75\%＝435（万元）$$

④该企业2019年度发生的研发费用税前扣除金额为：
$$710＋435＝1\ 145（万元）$$

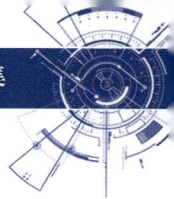

第五节　专项审计报告

一、出具专项审计报告的中介机构

1. 中介机构条件

（1）具备独立执业资格，成立三年以上，近三年内无不良记录。

（2）承担认定工作当年的注册会计师或税务师人数占职工全年月平均人数的比例不低于30%，全年月平均在职职工人数在20人以上。

（3）相关人员应具有良好的职业道德，了解国家科技、经济及产业政策，熟悉高新技术企业认定工作有关要求。

需要说明的是，同一中介机构中，注册会计师或税务师只能统计其中一项，不能采用合并统计的方式。

2. 中介机构职责

接受企业委托，委派具备资格的相关人员，依据《认定办法》和《工作指引》客观公正地对企业的研究开发费用和高新技术产品（服务）收入进行专项审计或鉴证，出具专项报告。

3. 中介机构纪律

中介机构及相关人员应坚持原则，办事公正，据实出具专项报告，对工作中出现严重失误或弄虚作假等行为的，由认定机构在"高新技术企业认定管理工作网"上公告，自公告之日起3年内不得参与高新技术企业认定相关工作。

二、专项审计程序要点

根据中国注册会计师协会于2008年11月12日发布的《高新技术企业认定专项审计指引》，笔者梳理了高新技术企业专项审计的要点。

1. 总体要求

中介机构应当了解申报企业基本情况，考虑自身独立性和专业胜任能力，在初步评估风险的基础上，确定是否接受业务委托。在承接业务时，中介机构应当与申报企业就业务性质、审计范围、时间要求、审计收费、专项审计报告的格式和内容，以及专项审计报告的分发和使用等达成一致意见并签订业务约定书。在执行高新技术企业认定专项审计业务时，中介机构应当实施风险评估程序，识别和评估研究开发费用结构明细表和高新技术产品（服务）收入明细表的重大错报风险。风险评估程序本身并不足以为发表审计意见提供充分、适当的审计证据，中介机构还应当在实施风险评估程序的基础上设计和实施进一步的审计程序，包括实施控制测试（必要时或决定测试时）和实质性程序，获取充分、适当的审计证据，得出合理的审计结论，作为形成审计意见的基础。

2. 总体审计计划需要考虑的特殊因素

（1）因高新技术企业认定专项审计涉及较多的科学技术因素，并且申报企业管理层存在获得高新技术企业资格以降低税负的动机，所以中介机构应当对申报企业管理层对高新技术研究开发费用与高新技术产品（服务）收入的发生、截止、分类的认定予以充分关注。

（2）由于专项审计对象涉及不同的申报明细表，两者并不相互依赖、互为条件，在确定重要性水平时，中介机构应当对研究开发费用结构明细表与高新技术产品（服务）收入明细表分别采用不同的重要性水平。对于不同年度的研究开发费用结构明细表，还应分别确定不同年度的重要性水平。

（3）鉴于专项审计的特点，确定的重要性水平（包括申报明细表层次与认定层次）应当低于相应财务报表审计的重要性水平。

3. 研发费用审计计划需要考虑的特殊性

（1）对于简单研究开发项目、研究开发费用支出发生频率不高或内部控制薄弱的申报企业，中介机构采用实质性方案可能最为有效。

（2）由于高新技术企业研究开发费用支出的审计范围涵盖了三个会计年度，每个会计年度内研究开发费用的发生情况可能不尽相同，对每个会计年度的研究开发费用支出均应设计相应的审计程序。

（3）在测试申报企业对高新技术研究开发费用分类认定时，应当设计相关程序以测试研究开发费用与研究开发项目之间的关联性。

（4）当申报企业的指标接近高新技术企业认定标准时，应当特别关注高新技术研究开发费用支出的发生、截止与分类认定是否正确。

（5）中介机构应当重点了解与申报企业研究开发项目相关的各种情况，包括：研究开发项目的目的、性质与类型，关注是否属于《国家重点支持的高新技术领域》范围，获得相关审批的情况（如需要）以及目前的进展情况；研究开发项目的立项过程；是否委托关联方或者其他外部机构进行实质性研究开发；产学研的合作方式、合作研究开发项目的所有权归属等。在了解上述研究开发项目内容时，中介机构应当考虑利用专家的工作。

4. 高新技术产品（服务）收入审计计划需要考虑的特殊性

（1）在设计高新技术产品（服务）收入审计程序时，应当设计相关程序测试高新技术产品（服务）的确认标识，确认申报企业是否混淆高新技术产品（服务）收入与非高新技术产品（服务）收入的界限，是否虚增高新技术产品（服务）收入。

（2）中介机构在确定测试样本时，针对高新技术产品（服务）收入的测试样本应当涵盖各类高新技术产品（服务）。在确定样本数量时，中介机构应当关注专项审计的样本量与年度财务报表审计的样本量可能存在差异。

（3）对于高新技术产品（服务）收入发生频率不高或内部控制薄弱的申报企业，中介机构采用实质性方案可能最为有效。

（4）当申报企业的指标接近高新技术企业认定标准时，应当特别关注高新技术产品（服务）收入的发生、截止与分类认定是否正确。

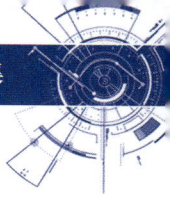

5. 充分了解申报企业的研发管理活动

（1）了解业务流程。

对申报企业研究和开发费用相关的内部控制的了解，应当从了解研究开发的背景开始，以便于中介机构更好地理解申报企业的研发控制活动。对研究开发背景的了解可以围绕下列内容展开：申报企业拥有自主知识产权的情况；从事研究开发的主要领域；在研究开发方面的获奖情况；从事研究开发人员的基本情况；研究开发活动使用的材料、燃料、电力情况；研究开发活动使用的固定资产、无形资产情况等。研究开发费用控制通常属于申报企业费用和成本控制的重要组成部分，在对研究开发费用控制进行了解时，中介机构需要考虑那些针对研究开发费用完整性、发生、准确性和分类等认定的控制。研究开发业务流程通常包括下列主要活动：

①立项和预算管理。包括：项目的申请和批准；预算的编制和批准。

②人员管理。包括：研发机构的设立、研发人员的组织和聘用；工作记录；绩效考核；薪酬的计算、支付和记录。

③设备、材料管理。包括：设备、材料的购置申请；设备、材料的验收；设备、材料的领用和记录。

④委托外部研究开发的管理。包括：委托外部研究开发的申请和审批；委托外部开发成果的验收；付款和记录。

⑤结项管理。包括：项目的总体评议和成果鉴定；预算差异分析。

（2）了解控制的程序包括检查申报企业相关控制手册和其他书面指引，询问各部门的相关人员，观察操作流程等。例如，中介机构可以询问研究开发项目负责人，了解研究开发项目的立项和预算情况；可以询问仓库人员，了解设备、材料管理流程；也可以询问会计人员，了解有关账务处理的流程。中介机构应当考虑流程在各部门之间如何衔接，如单据的流转和核对，以及各部门人员的职责分工等。

（3）执行穿行测试的方法。

执行穿行测试，证实对研发流程和相关控制的了解，并确定相关控制是否得到执行。中介机构应当选择一笔或几笔交易进行穿行测试。例如，针对人工费用，追踪从职工薪酬标准采用→员工人数统计→工时统计→支付审批→项目工时归集→项目人工费用分配→各研究开发项目人工费用数据生成的整个流程，考虑之前对相关内部控制的了解是否正确和完整，并确定相关控制是否得到执行。在执行穿行测试时，中介机构应当询问执行交易流程和控制的相关人员，并根据需要检查有关单据和文件，询问其对已发现的错报的处理。需要注意的是，如果不打算依赖控制，中介机构仍应执行穿行测试，以确定之前对业务流程及可能发生错报环节的了解是否正确和完整。中介机构还应当按照审计准则的规定，对相关控制的设计是否合理和得到执行进行评价，以确定进一步审计程序。

6. 了解与高新技术产品（服务）收入相关的控制活动和信息系统

（1）了解业务流程的主要步骤。

高新技术产品销售的业务流程通常包括下列主要活动：一般销售的业务流程；销售退回、折扣与折让的业务流程；维护客户档案的业务流程。

了解的程序包括检查申报企业相关控制手册和其他书面指引，询问各部门的相关人员，观察操作流程等。例如，中介机构可以询问销售人员，了解订单处理和开票的流程；可以询问仓库人员，了解发货的流程；也可以询问会计人员，了解有关账务处理的流程。注册会计师还应当考虑流程在各部门之间如何衔接，如单据的流转和核对，以及各部门人员的职责分工等。中介机构可以通过文字叙述、流程图等方式记录上述业务流程。

（2）执行穿行测试。

中介机构应当选择一笔或几笔交易进行穿行测试。例如，针对销售，追踪从接到客户订单→将订单输入系统→核准信用状况及赊销条款→核准订单并准备发货→编制发运凭证（或提货单）→递交发运凭证（或提货单）至客户→开具销售发票→复核发票的准确性并递交至客户→生成销售明细账→汇总销售明细账计入总账等交易的整个流程，考虑之前对相关控制的了解是否正确和完整，并确定相关控制是否得到执行。在执行穿行测试时，中介机构应当询问执行业务流程和控制的相关人员，并根据需要检查有关单据和文件，询问其对已发现错报的处理。需要注意的是，如果不打算信赖控制，中介机构仍应当执行穿行测试，以确定之前对业务流程及可能发生错报环节的了解是否准确和完整。中介机构还应当按照审计准则的相关规定，对相关控制设计是否合理和得到执行进行评价，以确定进一步审计程序。

7. 以示例的形式说明针对申报企业研究开发业务的常用的控制测试

需要注意的是，由于申报企业的情况千差万别，本指引中的相关内部控制测试并不可能涵盖所有情况，在执行审计业务时，中介机构应当结合申报企业实际情况，做出相应的调整和取舍（见表6-6）。

表6-6　常用控制活动及测试方法

控制目标	认定	常用的控制活动	常用的控制测试
1. 人工费用			
非研发人员的工资薪金不计入研发费用	发生	研究开发项目管理部门统计工时，负责工资计算的部门依据研究开发项目管理部门统计的工时和规定的工资标准制作工资表	检查工时统计是否由研究开发项目管理部门统计、检查工资计算标准是否符合规定
工资薪金在不同研究开发项目间正确分配	分类	财务部门依据各研究开发项目的工时统计计算各项目的工资费用	检查财务部门是否依据各研究开发项目的工时统计计算各项目的工资费用
2. 材料、工装准备			
避免记录重复的研发活动材料费用	发生	财务部门和研发部门每月核对领料情况	检查财务部门和研发部门是否每月核对记录

（续上表）

控制目标	认定	常用的控制活动	常用的控制测试
非研发活动的原材料费用不计入研发费用	发生	财务部门作为研发费用记账依据的原材料领用单必须经过研发部门有关负责人签署	检查研发费用的原材料领用单等单据是否经过研发部门有关负责人签署
研发活动工装准备费用在不同研究开发项目间正确分配	分类	财务部门依据各研究开发项目的领料单计算各项目的材料费用	检查财务部门是否依据各研究开发项目的领料单计算各项目的材料费用

8. 审计目标与认定的对应关系

研究开发费用专项审计的对象是申报企业编制的研究开发费用结构明细表，其审计目标与研究开发费用结构明细表认定的对应关系如下：

（1）发生：研究开发费用结构明细表中记录的研究开发费用，包括人员人工、直接投入、折旧费用与长期待摊费用摊销、设计费用、设备调试费、无形资产摊销、委托外部研究开发费用、其他费用等，在所审计会计期间已发生且与申报企业及研究开发项目有关。

（2）完整性：所有应当记录的研究开发费用均已记录。

（3）准确性：与研究开发费用有关的金额及其他数据已恰当记录。

（4）截止：研究开发费用已记录于正确的会计期间。

（5）分类：研究开发费用已记录于恰当的账户。

（6）列报：研究开发费用已按照《高新技术企业认定管理工作指引》的规定恰当地列报和披露。

9. 研发费用审计实质性程序

研究开发费用专项审计常用的实质性程序如下：

（1）获取研究开发费用结构明细表，复核加计是否正确。

（2）检查研究开发费用结构明细表中列报的研究开发项目是否符合《高新技术企业认定管理工作指引》的相关规定，包括：

①获取申报企业按单一项目填报的企业研究开发活动情况表，并取得各研究开发项目的有关立项批复，如董事会或类似权力机构的决议、政府有关主管部门的立项计划或批复等；

②取得各项研究开发项目的实施方案、阶段性报告或工作总结、验收报告或政府有关主管部门的批复等；

③关注各项研究开发项目是否属于常规性升级或对某项科研成果的直接应用，必要时可利用专家的工作。

（3）根据实际情况，实施下列实质性分析程序：

①将各项研究开发项目的研究开发费用项目（科目）进行结构性分析，判断其合理

性，做出相应记录；

②将各项研究开发项目的研究开发费用的实际金额与预算金额进行比较，并记录差异的原因。

（4）检查研究开发费用项目（科目）的分类、各项目（科目）归集范围和核算内容是否符合《高新技术企业认定管理工作指引》的相关规定，若存在费用分类错误，提请申报企业调整。

10. 高新技术产品收入审计实质性程序

申报企业主营高新技术产品的研发、生产和销售时，高新技术产品收入通常是该企业的主要收入。基于专项审计的目的，中介机构审计时应重点关注高新技术产品（服务）收入明细表中列报的产品收入是否属于《国家重点支持的高新技术领域》规定领域的产品收入，申报企业是否存在将一般产品收入列报为高新技术产品收入的错报风险。高新技术产品收入审计常用的实质性程序如下：

（1）获取高新技术产品（服务）收入明细表：

①复核加计是否正确，并与高新技术产品收入明细账合计数核对是否相符；

②检查以非记账本位币结算的产品收入的折算汇率及折算结果是否正确；

③取得知识产权证书（包括发明、实用新型、外观设计等的专利证书，软件著作权证书）或独占许可合同、生产批文、新产品或新技术证明、产品质量检验报告、省级以上科技计划立项证明以及其他相关证明材料，检查是否属于《国家重点支持的高新技术领域》规定领域的产品收入，必要时应当利用专家的工作。

（2）根据实际情况，实施下列实质性分析程序：

①将本期的高新技术产品收入与上期的高新技术产品收入进行比较，分析产品销售的数量和价格变动是否异常，并分析异常变动的原因；

②比较本期各月各品种高新技术产品收入的波动情况，分析其变动趋势是否正常，是否符合申报企业的经营规律（如季节性、周期性等），查明异常现象和重大波动的原因；

③将本期主要高新技术产品的销售数量、价格、毛利率与同行业企业本期相关资料进行对比分析，检查是否存在异常；

④计算本期主要高新技术产品的毛利率并与上期比较，关注收入与成本是否配比，检查是否异常，两期之间是否存在异常波动，如有异常波动，应当查明原因。

（3）检查高新技术产品收入的确认方法是否与财务报表所采用的收入确认方法一致，是否符合适用的会计准则和相关会计制度的规定，前后各期是否保持一致；关注周期性、偶然性的高新技术产品收入是否符合既定的收入确认原则、方法。

（4）获取申报企业高新技术产品价格目录，抽查售价是否符合价格政策，并关注销售给关联方或关系密切的重要客户的产品价格是否合理，有无以高价结算的方法向申报企业转移收入的现象。

（5）抽取与高新技术产品收入相关的记账凭证，核查入账日期、品名、数量、单价、金额等是否与发票、发货单、销售合同等一致。

（6）抽取与高新技术产品收入相关的发货单，核查出库日期、品名、数量等是否与发票、销售合同、记账凭证等一致。

（7）针对毛利率异常的高新技术产品，关注其成本结转是否正常，检查相关销售合同或协议、原始凭证等相关资料，分析交易的实质，必要时对毛利率异常的大额销售进行函证。

（8）选择高新技术产品销售主要客户、本期销售增幅较大的客户、关联方客户或其他异常客户，函证本期高新技术产品销售的数量和金额。

（9）对于出口销售，应当将出口销售记录与出口报关单、货运提单、销售发票等出口销售单据进行核对，必要时向海关函证。

（10）对于软件销售，应当将软件销售记录与增值税申报表、增值税退税收入表中列示的相应计税（退税）收入核对是否相符，如不相符，应当查明原因。

（11）检查技术性收入的确认方法是否与财务报表所采用的收入确认方法相一致，是否符合适用的会计准则和相关会计制度的规定，前后各期是否保持一致。

①检查技术转让收入是否在该项技术对应的无形资产所有权的主要风险和报酬转移时加以确认，包括检查相关合同或协议、财产移交手续和收款记录；

②对于当期发生并在年度内完成的技术承包、技术服务、接受委托科研等合同，检查其收入是否及时、完整地于当期确认，包括检查相关合同或协议、交易对方（技术发包方、技术服务接受方、科研委托方）的确认函或验收报告以及收款记录；

③对于当期开始提供劳务、跨期完工的技术承包、技术服务、接受委托科研等合同，检查其是否采用完工百分比法确认收入，包括检查相关合同或协议、完工进度确认文件以及收款记录，关注完工进度的确认方法是否合理。

（12）关注技术性收入对应的成本，如无成本或成本较少，检查相关合同或协议、原始凭证等相关资料，分析交易的实质。

（13）选择技术性收入的主要客户、本期收入增幅较大的客户、关联方客户或其他异常客户，函证本期技术性收入的业务内容及其金额。

第七章

广东省高新技术企业认定管理

第一节 高新技术企业认定管理组织

科技部、财政部、国家税务总局组成"全国高新技术企业认定管理工作领导小组"，按照《认定办法》第八条要求，广东省科技厅、广东省财政厅、国家税务总局广东省税务局（以下简称省科技厅、省财政厅、省税务局）组成"广东省高新技术企业认定管理工作领导小组"，下设"广东省高新技术企业认定管理工作领导小组办公室"（以下简称"省认定办"），负责处理高企认定日常工作，办公室设在省科技厅，由省科技厅、省财政厅、省税务局相关业务部门及人员组成。省科技厅主要负责开展高企政策宣贯，组织企业认定申报，委托专业机构开展高企认定、更名、异地搬迁、复核等评审工作，以及高企认定专家管理等。省财政厅主要负责配合做好认定管理相关工作，加强对注册会计师事务所等中介机构监管，规范中介机构出具年度审计报告、高新技术产品（服务）收入和研发费用专项审计报告等。省税务局主要负责落实高企税收优惠政策，指导、督促广东省注册税务师协会加强对出具高新技术专项报告的注册税务师事务所监管，规范高企认定鉴证报告等（见图7-1）。地市科技、财政、税务部门根据相应省级主管部门的职责分工，加强沟通，协助省认定办开展省高企认定管理工作。

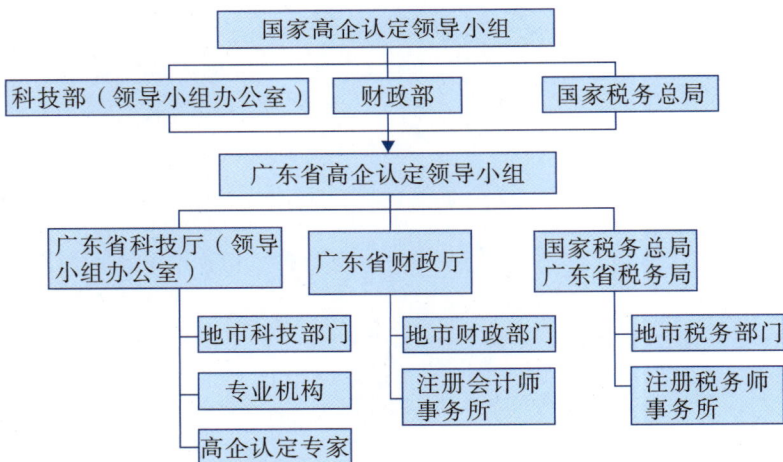

图7-1 高企认定管理组织架构

第二节 广东省高新技术企业认定的流程

广东省高新技术企业认定程序包括：企业自评，注册登记，提交材料，地市审核，专家评审，认定备案，公示，备案、公告、颁发证书和办理税收优惠手续（见图7-2）。

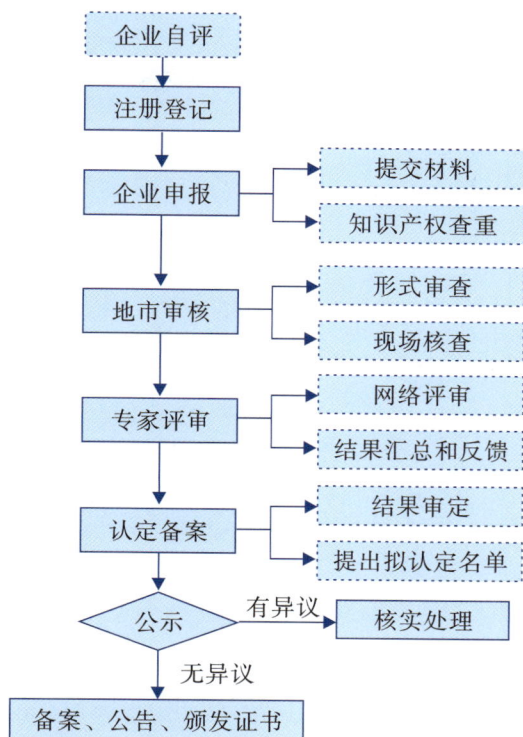

图 7-2 广东省高企认定流程

一、企业自评

申报企业对照《认定办法》《工作指引》所列高企认定相关条件要求，结合当年高企认定通知所列申报材料，综合考量企业自身主营业务技术领域、科技人员占企业职工总数的比例、研发费用占同期销售收入总额的比例、高新技术产品（服务）收入占企业同期总收入的比例、技术创新水平等多项指标，自评是否达到高企认定条件。

二、注册登记

广东省首次申请高企认定的企业，按顺序先后在科学技术部政务服务平台（以下简称"政务服务平台"，网址：http://fuwu.most.gov.cn）、广东省科技业务管理阳光政务平台（以下简称"省阳光政务平台"，网址：http://pro.gdstc.gd.gov.cn）完成注册审核，并激活账号。已完成注册且地市已审核通过的企业，无须重复注册，用已有的用户名和密码登录，并及时更新政务服务平台、省阳光政务平台上的企业注册信息。

三、提交材料

广东省企业只需在省阳光政务平台填写申报材料。填报前确认在省阳光政务平台的企业名称与政务服务平台注册名称完全一致。

（一）填写完善单位基本信息

企业使用单位管理员账号登录省阳光政务平台，在"系统管理—单位信息管理"功能菜单下，填写完善单位的基本信息、单位融资信息等。

（二）填写申请书

在"申报管理—项目申请—填写高新技术企业认定申请书"模块，按要求填写认定申报信息，逐一上传附件材料，完成网上填报。

四、地市审核

各地市科技管理部门收到企业申报材料后，会同地市财政、税务部门、可根据实际情况组织市、县（区）核实企业申报信息，并出具推荐意见。

五、专家评审

广东省高企评审采取网络评审的方式。省科技管理部门根据企业主营产品（服务）的核心技术所属技术领域进行分组，在省高企专家库中随机抽取 5 名以上专家组成专家组。专家登录省阳光政务平台的高企认定专家评审系统，根据企业在申报系统填报的信息、提交的相关佐证材料开展评审。

六、认定备案

省科技厅综合认定评审专家组意见，以及广东省发展改革委、广东省生态环境厅、广东省市场监督管理局、广东省应急管理厅等做出重大安全、重大质量事故或严重环境违法行为等处理意见，提出拟通过认定高企名单，牵头组织召开省认定办工作会议，研究讨论评审结果，经省高企领导小组审议通过后报国家认定办备案。

七、公示

经认定备案的企业名单，由国家认定办在"高新技术企业认定管理工作网"公示 10

个工作日。国家认定办对备案企业随机抽查。

八、备案、公告、颁发证书

国家认定办将确认名单予以备案并核发证书编号，省科技厅、省财政厅、省税务局联合发文公告并向企业颁发统一印制的"高新技术企业证书"，证书加盖省科技厅、省财政厅、省税务局公章。

九、办理税收优惠手续

企业获得高企资格后，自高企证书颁发之日所在年度起享受税收优惠。企业在填报纳税申报表时，作为所得税额减免，分别于 A100000《中华人民共和国企业所得税年度纳税申报表（A 类）》第 26 行"减免所得税额"、A107040《减免所得税优惠明细表》第 2 行"国家需要重点扶持的高新技术企业减按 15% 的税率征收企业所得税"以及 A107041《高新技术企业优惠情况及明细表》中填列高企所得税减免情况，并在办理汇算清缴时出示高企证书作为佐证。

第三节　广东省高新技术企业认定申报

一、系统注册

1. 政务服务平台注册

首次申请认定企业须于规定时间内在政务服务平台上注册账号。企业管理人员须凭本人手机号码在统一身份认证与单点登录平台注册个人账号；登录个人账号后，通过"注册企业账号"功能，绑定企业账号，上传工商营业执照，核对并完善企业信息，系统审核通过后激活企业账号（见图 7-3 至图 7-6）。完成注册后登录政务服务平台，通过高新技术企业认定入口进入高新技术企业认定管理工作网（以下简称"国家高企网"），完善企业信息并获取系统注册号。

图 7 – 3　科学技术部政务服务平台登录指引

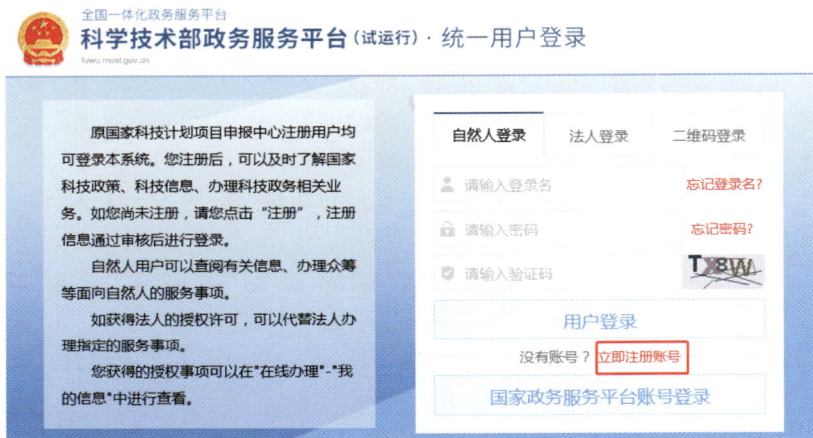

图 7 – 4　科学技术部政务服务平台注册指引

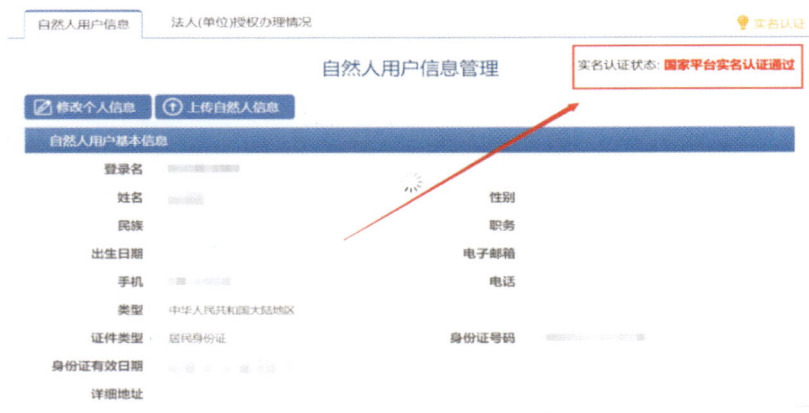

图 7 – 5　科学技术部政务服务平台个人注册指引

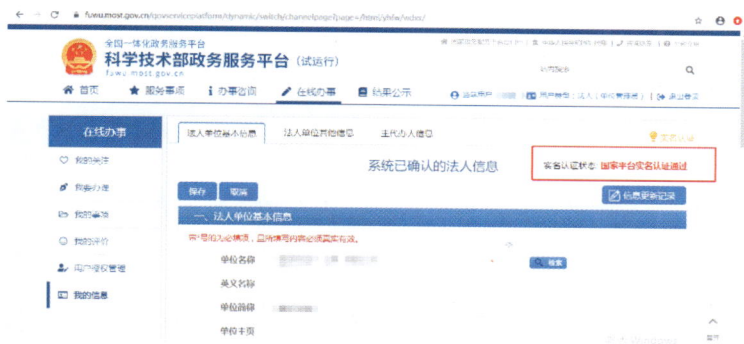

图 7-6　科学技术部政务服务平台企业法人认证指引

2. 省阳光政务平台注册

首次申请认定的企业在国家高企网注册获取用户名和密码后，须在省阳光政务平台上再次注册。注册的单位名称必须与国家高企网一致。企业在省阳光政务平台注册时需填写单位名称、统一社会信用代码、单位管理员信息、主管部门、单位联系方式等基本信息。新注册单位默认以统一社会信用代码为登录账号，每家企业只能在省阳光政务平台注册一个账号。

企业已在省阳光政务平台注册，但发生了工商更名，须在该平台更名模块提出申请，由企业所在地科技部门审核后完成更名。企业在政务服务平台存在多个注册账号，须及时报告地市科技部门，地市科技部门汇总后报省科技厅，省科技厅将注销多余账号，防止后续数据对接出错。

二、填写申报书

省阳光政务平台的高企申报书模块是对照高企认定的条件要求，结合本地化管理要求所设计的，高企申报书填写说明如下（见图 7-7）。

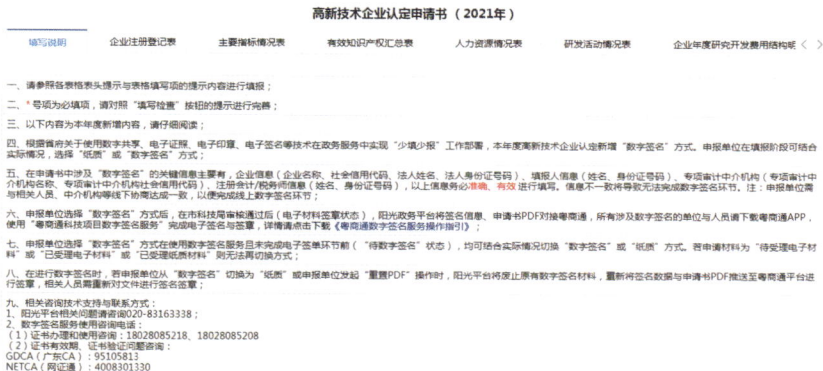

图 7-7　高新技术企业申请书填写说明

1. 数据关联对接

（1）获取政务服务平台的关键信息。

省阳光政务平台将通过对照统一社会信用代码获取政务服务平台中的企业名称、注册号和主管认定机构，作为后续系统数据对接的依据。企业必须确保在两个系统中填报的统一社会信用代码一致，否则无法成功获取上述信息。如企业在政务服务平台的企业名称与在省阳光政务平台中的企业名称不一致，可进行更名流程，但务必在提交高企认定申报书前完成更名流程，且在主要指标情况表中重新获取关键信息，确保两个系统的信息一致。

（2）调取税务数据。

为保证填报数据的真实性、一致性，省阳光政务平台与省税务部门实现了企业部分申报数据的互联互通，在企业申报及专家评审的过程中均可实现数据比对。在填写申报书之前，会有提示"是否同意从税务部门调取汇算清缴数据与申报数据进行比对"。点击确认后需要填报企业名称、注册号，并上传盖章签字的授权书。

2. 填写企业注册登记表

企业注册登记表（见表7-1）主要填报内容为企业基本信息，包括企业规模、所属行业、上市/挂牌情况、是否引入风险投资、股权结构、经营范围、企业简介等内容。

（1）上市/挂牌情况。

申报企业为上市企业的，须填报上市交易所、上市时间、上市代码。

（2）是否引入风险投资。

企业引入风险投资的，须填报引入风险投资金额及风险投资公司名称，同时填报风险投资的法人类型、出资额等相关信息。

（3）经营范围。

经营范围按照企业营业执照填写。

（4）企业简介。

为方便评审专家快速掌握企业基本信息，企业简介部分应简要罗列企业成立时间、主营技术领域、主要产品、科技产出、获奖情况等。参考模板如下（包括但不限于以下信息）：

×××公司成立于××××年，现有职工×××人，其中科技人员×××人。公司主营技术领域是×××，主要产品有×××、×××……上年度主营业务收入×××万元。公司拥有Ⅰ类知识产权×××件，Ⅱ类知识产权×××件，产品在细分市场中排名为第×，是/否业内知名品牌，是/否销往国外。公司曾在××××年、××××年获得高企资格，承担过国家、省、市项目×××项，××××年获国家（省、市）科技进步奖×等奖，公司内设有国家（省、市）工程中心、实验室。

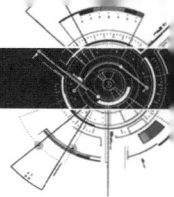

表7-1 企业注册登记表

企业名称			统一社会信用代码		
注册时间			已成立年限		
注册类型			营业执照类型		
外资国别（地区）			注册资金/万元人民币		
所属行业			企业规模		
行政区域			企业所得税征收方式		
通信地址			邮政编码		
企业法定代表人	姓名		手机		证件号码（身份证）
	电话		传真		E-mail
联系人	姓名		手机		
	电话		传真		E-mail
企业是否上市			上市时间		
上市/挂牌情况			企业上市代码		
是否属于高新区内企业		高新区类别		高新区名称	
是否引入风险投资		投资额/万元		引入风投公司名称	
股权结构	自然人股东	公民类型	姓名	身份证号	投资额/万元
	法人股东	法人类型	名称	组织机构代码或统一社会信用代码	投资额/万元
	风险投资	法人类型	名称	组织机构代码或统一社会信用代码	出资额/万元
经营范围					
企业简介					

3. 填写主要指标情况表

主要指标情况表（见表 7 - 2）主要填报内容为涉及企业高企条件要求的相关指标。为保持数据一致性，主要指标情况表中的知识产权、人力资源、财务数据从各单项指标表数据汇总提取，企业无须填写。其中需要注意的是：

（1）主营产品（服务）所属技术领域/次营产品（服务）技术领域。

根据高企认定条件要求，对企业主要产品（服务）发挥核心支持作用的技术属于《国家重点支持的高新技术领域》规定的范围。企业有多项产品（服务），且各产品（服务）对应不同的技术领域，主营技术产品（服务）应填写销售规模最大的产品（服务）所对应的技术领域，次营产品（服务）技术领域应填写销售规模次之的产品（服务）所对应的技术领域，次营产品（服务）的技术领域也可以作为高企申报的重要参考。所填报的技术领域是高企评审分组和技术专家抽取的主要依据。

（2）企业注册号/填报号。

企业注册号/填报号为企业在政务服务平台账号的 19 位或 22 位注册号，主要用于匹配企业信息、开展企业申报材料及认定结果的对接等。企业可在页面直接点击获取企业注册号/填报号，如果未检索到数据，应到政务服务平台注册，重新获取企业注册号/填报号。

知识产权的填写次序建议按照与企业主要产品（服务）核心技术相关的强弱程度，以及知识产权的类别来填写，Ⅰ类知识产权靠前，Ⅱ类知识产权靠后填写。获得方式按照实际情况选填自主研发、受让、受赠、并购等。

表 7 - 2　主要指标情况表

主营产品（服务）所属技术领域			
次营产品（服务）所属技术领域			
企业注册号/填报号			
获得知识产权数量		获得Ⅰ类知识产权数量/件	
		获得Ⅱ类知识产权数量/件	
人力资源情况	职工总数/人		从事研发和相关技术创新活动的科技人员数/人
	科技人员占比/%		

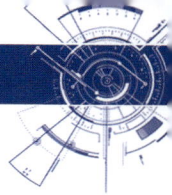

（续上表）

	年度/种类	净资产/万元	销售收入/万元	利润总额/万元
近三年经营情况	第1年			
	第2年			
	第3年			
近三年研究开发费用总额/万元		其中	在中国境内研发费用总额/万元	
			基础研究投入费用总额/万元	
单位近期是否更名				
近一年企业总收入/万元				
近一年高新技术产品（服务）收入/万元				
申请认定前一年内是否发生过重大安全、重大质量事故或严重环境违法行为				
是否为中介机构代为申报				

4. 填写有效知识产权（IP）汇总表

申报高新技术企业必须获得对其主要产品（服务）在技术上发挥核心支持作用的知识产权的所有权。其中，知识产权须在中国境内授权或审批审定，并在中国法律的有效保护期内，知识产权权属人应为申请企业。有效知识产权汇总表可通过系统导入，也可以手动输入，填报知识产权明细表（见表7-4），系统自动汇总形成有效知识产权汇总表（见表7-3）。

（1）导入方式。

省阳光政务平台已与知识产权数据库对接，跟国家高企网知识产权数据库一致，可实现知识产权导入功能。企业在填报界面选择知识产权类别、申请号，点击查询即可获取企业所有知识产权信息，并进行批量导入操作。

如查询界面无法获取的知识产权，企业应手动填报，填写知识产权的类别、专利人、授权日期、授权号、核心技术领域、核心技术关键词、该知识产权与本企业主营产品（服务）核心技术的支持作用说明等信息，同时上传佐证材料。

佐证材料包括：知识产权证书（已发放），或授权通知书、专利年费缴纳票据、相关主管部门出具的变更证明（通过转让、受赠、并购获得的知识产权）、协议和备案证明等。

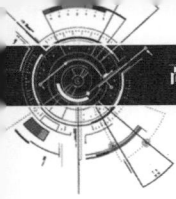

表7-3　有效知识产权汇总表

获得知识产权数量/件	获得Ⅰ类知识产权数量/件	发明专利		其中：国防专利	
		植物新品种		国家一级中药保护品种	
		经审定的国家级农作物品种			
		集成电路布图设计			
	获得Ⅱ类知识产权数量/件	国内实用新型专利		软件著作权	
		外观专利			

表7-4　知识产权明细表

知识产权编号			
知识产权名称			
类别		获得方式	
授权号		授权日期	
专利人		本知识产权上一年度是否已缴纳年费	
与本知识产权相关的核心技术领域			
知识产权的核心技术关键词			
是否有效知识产权			

国家知识产权局官方网站上公布的摘要：

该知识产权与本企业产品（服务）核心技术的支持作用说明：

该知识产权与本企业主营产品（服务）核心技术的支持作用说明（限400字）：

（2）标准。

企业参与国家标准或行业标准制定，可作为企业高企评审的加分项。但不含地市标准及企业内部标准。

按照企业参与标准制定情况填写表7-5。

表7-5 企业参与国家标准或行业标准制定情况汇总表（加分项）

序号	标准名称	标准级别	标准编号	标准颁布时间	参与方式
1					
2					
...					

5. 填写人力资源情况表

人力资源情况表（见表7-6）主要包括职工的总体情况、奖励情况、人员结构、企业部分月份月平均职工总数情况，其中部分月份月平均职工总数填写3月、6月、9月、12月职工人数情况。企业应正确统计企业上一年度的人员明细情况，按照《工作指引》中对科技人员的定义划分企业科技人员，同时申报信息应与提供的劳动合同、个税证明、社保证明等佐证材料保持一致。

其中，需要注意当年职工总数及科技人员数的统计方法。按照《工作指引》要求，企业当年职工总数、科技人员数均按照全年月平均数计算。其计算公式为：

$$月平均数 = （月初数 + 月末数） \div 2$$
$$全年月平均数 = 全年各月平均数之和 \div 12$$

企业职工包括在职人员、兼职人员和临时聘用人员，在职人员可以通过与企业签订的劳动合同或缴纳社保、个税等来佐证。企业与外部高校、科研院所合作开展研发活动的，可将在企业累计工作183天以上的人员列为科技人员，此部分人员学历或职称相对较高，可优化企业的人员结构。企业填报职工总数与所填报的部分月份月平均职工总数不一致的，须在系统填写说明不一致的原因，由专家评审判定是否合理。

人力资源情况的佐证材料包括3月、6月、9月、12月共4个月的个人所得税缴纳人数汇总数截图或社保缴纳人数证明材料，企业员工花名册（含本企业科技人员名单及其工作岗位）等，以非加密PDF格式的文件上传。

表7-6　人力资源情况表

（一）总体情况		
	企业职工	科技人员
总数/人		
其中：在职人员		
兼职人员		
临时聘用人员		
外籍人员		
留学归国人员		
（二）奖励情况		
省级/国家级科技奖人员	省级数	国家级数
人数		
（三）人员结构				
学历	博士	硕士	本科	大专及以下
人数				
职称	高级职称	中级职称	初级职称	高级技工
人数				
年龄	30岁及以下	31~40岁	41~50岁	51岁及以上
人数				
（四）企业部分月份月平均职工总数情况				
3月份	6月份	9月份	12月份	平均数
所报职工总数与企业以上4个月平均职工数不一致，请说明不一致原因				

6. 填写研发活动（RD）情况表

研发活动情况表（见表7-7）是判断企业所列研发费用对应项目是否属于研发项目的重要参考，也是企业研发能力和创新能力的主要体现。申报企业应逐项填写研发活动名称、起止时间、技术领域、项目核心技术关键词、技术来源、知识产权编号及名称、研发经费总预算、研发经费近3年总支出、目的及组织实施方式、核心技术及创新点、取得的阶段性成果。申报企业应把与企业主营业务相关联、最能体现企业技术水平的研发活动排

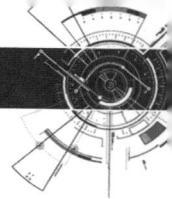

序靠前。列出的研发项目要与企业选择的技术领域相关，并不是越多越好。技术专家通过查看企业填报的研发活动情况表及相关佐证材料，判断所列项目是否为企业研发活动，对未被核定为研发活动的，其发生的费用不能归集为研发费用，系统将从企业填报的研发费用中自动核减该部分费用。

表 7 - 7 研发活动情况表

研发活动编号：

研发活动名称			起止时间		至	
技术领域			项目核心技术关键词（限 10 字）			
技术来源		知识产权编号及名称				
研发经费总预算/万元		研发经费近 3 年总支出/万元		其中	第 1 年	
					第 2 年	
					第 3 年	
目的及组织实施方式（限 400 字）						
核心技术及创新点（限 400 字）						
取得的阶段性成果（限 400 字）						

（1）研发活动名称。

研发活动名称最好能体现项目的技术创新性，且要与研发费用专项审计报告中明细表的名称一致。

（2）技术领域。

技术领域要填到《国家重点支持的高新技术领域》三级目录，与企业主营业务的技术领域有较强关联性，且应与高新技术产品对应的技术领域一致。

（3）技术来源。

技术来源包括企业自有技术、委托开发、共同开发等，企业根据项目组织实施情况选择，注意要与"目的及组织实施方式"一栏一致。

（4）知识产权编号及名称。

知识产权是企业研发活动产出的重要参考，该部分知识产权编号及名称提取有效知识产权汇总表的填报内容。

（5）研发经费近3年总支出。

按照研发费用专项审计报告的数据填写，每年研发经费金额应与项目实施进度、工作量、解决的关键问题等相对应。

（6）目的及组织实施方式。

①目的：需依次阐述项目背景、目前在应用中存在的问题和不足、需要解决的关键性问题，以及解决后对企业、行业的意义。

②组织实施方式：项目是自主研发还是合作研究，与前面栏的技术来源要对应。这里需注意的是如果项目属于产学研合作的，就要写合作开发。

（7）核心技术及创新点。

核心技术是指解决项目关键性问题的方法和手段，创新点也就是项目核心技术区别于同类项目的特点。核心技术及创新点要与立项目的里的关键性问题相对应。

（8）取得的阶段性成果。

这部分可以从三个方面来写：一是通过项目实施掌握的核心技术情况；二是项目获得的知识产权情况；三是已形成的样品或产业化情况。

（9）佐证材料。

企业研发活动的佐证材料包括立项报告、验收报告（已验收项目）或中期报告。此外，如果企业的研发活动已形成样品或实现产业化，也应提供相关样品（产品）图片、检验检测报告等。

7. 填写企业年度研究开发费用结构明细表

申报企业应正确归集企业研发费用情况，填写近三年的研发费用明细（见表7－8）。企业年度研究开发费用结构明细表须列明内部研究开发投入额、委托外部研究开发投入额，以及境内的外部研究开发投入额等。研发费的归集要参考《工作指引》"企业研究开发活动确定""研究开发费用归集范围""企业研究开发费用归集办法"相关规定。根据专项审计报告情况，不一致的应提供说明。

表7-8 企业年度研究开发费用结构明细表

累计发生额／研发项目编号	内部研究开发投入额	其中：人员人工费用	直接投入费用	折旧费用与长期待摊费用	无形资产摊销费用	设计费用	装备调试费用与试验费用	其他费用	委托外部研究开发投入额	其中：境内的外部研究开发投入额	研究开发投入额（内、外部）
RD01											
合计											

企业近三个会计年度（实际经营期不满三年的按实际经营时间计算）的研究开发费用总额占同期销售收入总额的比例	
企业在中国境内发生的研究开发费用总额占全部研究开发费用总额的比例	

8. 填写高新技术产品（服务）（PS）收入情况表

"高新技术产品（服务）收入"是指企业通过研发和相关技术创新活动，取得的产品（服务）收入与技术性收入的总和。高新技术产品（服务）是企业科技创新能力的主要体现，也是评价企业是否为高新技术企业的关键因素。申报企业应正确归集企业上一年度高新技术产品（服务）收入情况，填写高新技术产品（服务）名称、技术领域、技术来源、上年度销售收入、是否主要产品（服务），以及对应的产品的自主核心技术关键词、高新技术产品特征、知识产权编号及名称、关键技术及主要技术指标、与同类产品（服务）的竞争优势、知识产权获得情况及其对产品（服务）在技术上发挥的支持作用等信息。技术专家通过查看企业填报的高新技术产品（服务）收入情况表及提交的相关佐证材料，判断所列产品（服务）是否为高新技术产品（服务），对未被核定为高新技术产品（服务）的，其产生的销售收入不能归集为高新技术产品（服务）收入，系统将从企业填报的高新技术产品（服务）费用中自动核减该部分费用。

表7-9 高新技术产品（服务）收入情况表［按单一产品（服务）填报］

高新技术产品（服务）数			
专项审计中介机构		统一社会信用代码	
报备号		注册会计师姓名	

编号：PS××

高新技术产品 （服务）名称			
技术领域		产品的自主核 心技术关键词	
高新技术产品特征			
技术来源		上年度销售收 入/万元	
是否主要产品（服务）		知识产权 编号及名称	
关键技术及主要技 术指标（限400字）			
与同类产品（服务） 的竞争优势（主要从 性能、成本、市场情 况等方面进行说明） （限400字）			
知识产权获得情况及 其对产品（服务）在 技术上发挥的支持 作用（限400字）			

（1）高新技术产品（服务）名称。

高新技术产品（服务）名称要体现产品（服务）的核心关键技术，且要符合《国家重点支持的高新技术领域》最细一级目录的范围，与研发项目相关联。

（2）技术领域。

选择《国家重点支持的高新技术领域》的三级目录，实际企业在填报的时候要对应

《国家重点支持的高新技术领域》的四级（最细）目录。选择的技术领域应与研发活动选择的技术领域一致。

（3）技术来源。

技术来源包括企业自有技术、其他企业技术、中央属科研院所、地方属科研院所、大专院校、引进技术本企业消化创新、国外技术等。

（4）上年度销售收入。

根据高新技术产品（服务）收入专项审计报告填写。

（5）知识产权编号及名称。

是指所填报的高新技术产品（服务）的关键技术所对应的知识产权的情况，与填报的知识产权的编号和名称要一致。

（6）关键技术及主要技术指标。

关键技术是指解决产品（服务）主要难题涉及的技术，在撰写时要写明关键技术的具体内容，对已获得知识产权的技术也要在此部分体现。对能体现产品（服务）的主要竞争优势的，要写明主要技术指标。最主要、最能体现企业技术创新水平的关键技术应写在第一条。

（7）与同类产品（服务）的竞争优势。

主要是指与同类产品（服务）相比，在技术、性能等方面的优势，应与关键技术及主要技术指标相对应。最主要、最能体现企业产品（服务）优势的应写在第一条。

（8）知识产权获得情况及其对产品（服务）在技术上发挥的支持作用。

先要说明该产品（服务）的什么技术获得了何种知识产权，再详细说明该知识产权对产品（服务）的核心竞争力的支撑作用。

（9）佐证材料。

包括高新技术产品（服务）收入专项审计报告、知识产权证书、销售合同和发票、产品检测报告等。

9. 填写成果转化汇总表

科技成果是指通过科学研究与技术开发所产生的具有实用价值的成果（专利、版权、集成电路布图设计等）。科技成果转化是指为提高生产力水平而对科技成果进行的后续试验、开发、应用、推广直至形成新产品、新工艺、新材料，发展新产业等活动。企业应正确填写成果转化明细表（见表7-11），系统自动汇总形成成果转化汇总表（见表7-10）。成果转化填报内容包括科技成果名称、成果来源、成果技术领域、成果核心技术关键词、转化形式、转化时间、关联IP、关联RD、关联PS，以及成果类型、转化结果等。按照《工作指引》中"企业创新能力"评价要求，专家根据企业科技成果总体情况和近3年内科技成果年平均数进行评价。按照平均数分不同档次进行打分，其中，年平均数＝合计数/年限项，取整数。

表 7 – 10 成果转化汇总表

序号	科技成果名称	成果来源	成果技术领域	成果核心技术关键词	转化形式	转化时间	关联 IP	关联 RD	关联 PS	转化结果
1										
2										
…										

表 7 – 11 成果转化明细表

科技成果名称			
成果类型			
成果来源			
成果技术领域		成果核心技术关键词	
转化形式			
转化结果			
转化时间			
关联 IP			
关联 RD			
关联 PS			

（1）科技成果名称。

科技成果名称要体现企业主营技术领域的核心关键技术，科技成果与研发项目相关联。

（2）成果类型。

成果类型包括专利、版权、集成电路布图设计等，企业根据自身获得的成果类型选填。

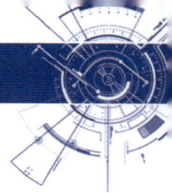

（3）成果来源。

成果来源包括自主研发、受让、受赠、并购、其他。

（4）成果技术领域。

成果技术领域要符合《国家重点支持的高新技术领域》范围，需选到三级目录，企业在实际填报的时候要对应《国家重点支持的高新技术领域》的四级（最细）目录。选择的技术领域要与对应的研发活动技术领域一致。

（5）转化形式。

科技成果转化形式包括自行投资实施转化，向他人转让该技术成果，许可他人使用该技术成果，以该科技成果作为合作条件，与他人共同实施转化，以该科技成果作价投资、折算股份或者出资比例，以及其他协商确定的方式。

（6）转化结果。

转化结果包括新产品、新服务、新工艺、新材料、样品、样机等。同一科技成果分别在国内外转化的，或转化为多个产品、服务、工艺、样品、样机等的，只计为一项；多项科技成果转化为一项或多项产品、服务、工艺、样品、样机等的，可计为多项。

（7）附件（佐证材料）。

专利、软件著作权、版权、国家和行业标准等；科技成果鉴定报告、科技成果奖励证书、项目和产品验收证书、新产品证书等；产品检验检测报告、软件测评报告、产品认证报告等；技术评估报告、查新报告等；用户使用报告、客户反馈意见等；产品合同及技术服务合同等；样品、样机。

10. 填写企业创新能力评价表

企业创新能力评价包括知识产权对企业竞争力作用、研究开发与技术创新管理组织情况、科技成果转化情况、管理与科技人员四个部分，对应高企认定条件中知识产权、研发能力、科技成果转化、科技人员等几个模块（见表 7 - 12）。该部分内容主要作为专家评审对企业整体水平的主观评判依据，企业在填报过程中要注意凝练核心要点，突出企业的优势及核心竞争力，同时数据填报内容前后要保持一致性。

表 7 - 12　企业创新能力评价表

知识产权对企业竞争力作用（限 400 字）

（续上表）

研究开发与技术创新管理组织情况（限 400 字）
科技成果转化情况（限 400 字）
管理与科技人员（限 400 字）

（1）知识产权对企业竞争力作用。

从企业主要产品（服务）的竞争情况、核心技术，以及核心技术获得的知识产权对企业竞争力的支撑等三方面考虑。撰写时先写企业主要产品（服务）在行业的情况，具有哪些竞争优势，再写主要产品（服务）涉及的核心关键技术，获得了哪些知识产权，最后总结这些知识产权对提升企业竞争力起到了什么样的支撑作用。

（2）研究开发与技术创新管理组织情况。

从企业技术创新总体情况、获得的立项项目和奖励情况、研发组织管理的制度等方面撰写。

（3）科技成果转化情况。

主要是指企业通过开展研发活动获得关键核心技术，转化为产品、服务、样机等成果。从企业成果转化总数量、各项成果转化情况以及对企业主要产品（服务）的支撑作用几方面撰写。

（4）管理与科技人员。

从企业在管理方面基本情况、企业科技人员情况（包括全职、兼职、外聘）方面撰写。科技人员可从占企业职工总数的比例、人员学历和支撑构成等方面撰写，兼职和外聘人员要写明岗位和在岗时间。

11. 填写研究开发组织管理水平

企业要填报研究开发组织管理总体情况（见表7－13），并提供相关的佐证材料。

（1）说明企业制定研究开发的组织管理制度情况，研发投入核算体系的建立，以及研发费用辅助账编制情况。

（2）说明企业内部科学技术研究开发机构设立、所具备的科研条件，以及企业开展的产学研合作情况。

（3）说明企业科技成果转化的组织实施与激励奖励制度建立情况，开放式的创新创业平台建立情况。

（4）说明企业科技人员的培养进修、职工技能培训、优秀人才引进，以及人才绩效评价奖励等制度建立情况。

（5）附件（见表7－14）。

研发组织管理制度、研发投入核算体系、研发费用辅助账，研发机构设立的证明材料、研发设备设施、产学研合作合同及合作情况的证明材料，成果转化的组织实施与激励奖励制度，科技人员的培养进修、职工技能培训、优秀人才引进，以及人才绩效评价奖励制度等。

企业在提供上述附件时，须注意除了提供有关制度外，还需要提供落实有关制度的佐证材料，如研发机构和设备的图片，产学研合作的具体项目合同，人员进修、培训的通知和照片，优秀人才引进合同、学历或职称证明，人才绩效奖励的转账凭证等证明材料。

表7－13　研究开发组织管理水平

本企业研究开发组织管理总体情况（限1 000字）

（续上表）

（1）制定了企业研究开发的组织管理制度，建立了研发投入核算体系，编制了研发费用辅助账	
（2）设立了内部科学技术研究开发机构并具备相应的科研条件，与国内外研究开发机构开展多种形式的产学研合作	
（3）建立了科技成果转化的组织实施与激励奖励制度，建立开放式的创新创业平台	
（4）建立了科技人员的培养进修、职工技能培训、优秀人才引进，以及人才绩效评价奖励制度	

表 7 - 14　研究开发组织管理水平附件

序号	附件类型	附件名称
1	企业研究开发的组织管理制度，建立了研发投入核算体系，编制了研发费用辅助账	
2	内部科学技术研究开发机构并具备相应的科研条件，与国内外研究开发机构开展多种形式的产学研合作	
3	科技成果转化的组织实施与激励奖励制度，建立开放式的创新创业平台	
4	科技人员的培养进修、职工技能培训、优秀人才引进，以及人才绩效评价奖励制度	

12. 填写企业成长性情况

企业填报净资产、销售收入、利润总额、企业所得税实际纳税额、上一年度应纳税所得额等，并上传近三年年度审计报告和企业所得税年度纳税申报表（见表 7 - 15）。

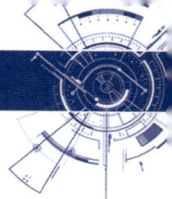

表 7 – 15 企业成长性情况

年度	净资产/万元	销售收入/万元	利润总额/万元	企业所得税实际纳税额/万元
第 1 年				
第 2 年				
第 3 年				
—	增长率/%	增长率/%	年平均利润率/%	—
上一年度应纳税所得额/万元				
上一年度总收入/万元		收入总额/万元		不征税收入/万元

（1）净资产。

选取近三年的相关数据，资产总额、负债总额应以具有资质的中介机构鉴证的企业财务报表期末数为准。其计算公式为：净资产 ＝ 资产总额 － 负债总额。

（2）销售收入。

销售收入为主营业务收入与其他业务收入之和，主营业务收入与其他业务收入按照企业所得税年度纳税申报表的口径计算。

需要注意的是，在计算上述两项成长性得分时，负值按 0 计算。

（3）利润总额。

以具有资质的中介机构鉴证的企业财务报表数为准。

（4）上一年度应纳税所得额。

数据取自上一年度纳税申报表"应纳税所得额"数据。

（5）上一年度总收入。

总收入是指收入总额减去不征税收入，收入总额与不征税收入按照《中华人民共和国企业所得税法》及其《中华人民共和国企业所得税法实施条例》的规定计算。

（6）收入总额、不征税收入。

均与汇算清缴数据保持一致。存在不一致的，企业应提供有关说明。

13. 上传附件清单

附件清单（见图 7 – 8）内容包括：证明企业依法成立的相关注册登记证件，如企业营业执照副本、组织机构代码和税务登记证书等；获得国家级或省级科技进步奖证书、获得国家级或省级专利奖证书、授权书、申报书封面盖章页、企业承诺函，以及其他资料。

图 7-8　阳光政务平台附件清单页面

三、地市核查

申报企业提交高企申报材料后，各地市科技、税务、财政等管理部门组织市、县（区）核实企业申报信息，重点对企业实际经营情况、科技活动人员、知识产权情况、研发组织、申报数据与汇算清缴数据一致性，申请认定前一年内是否发生重大安全、重大质量事故或严重环境违法行为，以及企业申报名称、注册号和认定机构与国家高企网有关信息一致等开展核查。各地市科技部门根据企业核查情况，出具推荐意见并推荐到省级科技主管部门。

1. 形式审查

地市科技管理部门在省阳光政务平台查看所在辖区内企业提交的高企申报书，重点对申报信息及材料的完整性、一致性进行形式审查，审查不通过的，地市科技管理部门不予推荐。

2. 现场核查

对形式审查中发现存在问题的企业，进行现场核查，进一步核实企业申报材料的一致性、真实性。现场核查工作要点参考以下内容：

（1）企业基本情况：现场考察地与企业注册地一致性、企业是否属于缴纳企业所得税的居民企业，企业名称、注册号和认定机构与政务服务网中有关信息的一致性。

（2）知识产权情况：如企业申报知识产权含软件著作权，所填报软件著作权对应的软件是否可以现场演示。

（3）人员情况：职工总数与个税系统、社保系统是否相一致。

（4）财务情况：上一年度总收入、近三年销售收入是否与企业所得税汇算清缴数相一致；研发费用是否建立专账或辅助账归集。

（5）研发条件及研发开展情况：企业是否具有相应研发活动场地，且具备相应的研发设备设施。

（6）研发组织管理水平：是否制定企业科技计划项目管理制度、成果转化管理制度及研发账务归集和企业科技人员激励制度。

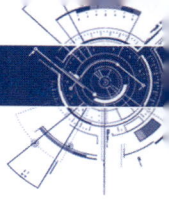

第四节 广东省高新技术企业的监督与管理

一、资格复核

对已认定的高新技术企业，有关部门在日常管理过程中发现其不符合认定条件的，或收到有关单位和个人复核申请、投诉举报的，应以书面形式提请认定机构复核。复核后确认不符合认定条件的，由认定机构取消其高新技术企业资格，并通知税务机关追缴其不符合认定条件年度起已享受的税收优惠。

（一）复核程序

对涉及重大安全、重大质量事故、环境严重违法、吊销营业执照等行政执法部门认定事实清楚的，由省认定办直接取消高企资格。需要组织专家复核的，由省认定办组织或委托地市相关部门组织专家复核。复核前通知企业相关复核事项，企业按照高企复核材料清单准备相关材料。专家根据核查要点，通过查看企业提交的说明材料，针对企业的高企资格条件存在异议的方面进行复核，并形成高企复核专家组综合意见。

省认定办对专家组复核意见的认定事实、政策依据进行审核，提出处理意见。复核结果通过地市科技局反馈给企业，对不符合认定条件的企业由省认定办正式发文取消其高企资格，报国家高企认定办，并在"高新技术企业认定管理工作网"发布公告，由税务机关按规定追缴其自不符合认定条件年度起已享受的税收优惠。

（二）资格复核要点

对于高企资格复核，专家应针对收到复核申请、投诉举报所列复核要点进行重点核查。企业收到资格复核的通知后，要注意重点针对复核要点提供情况说明及相关佐证材料。

（三）复核材料要求

企业根据复核要点，提供相应的佐证材料，并对所提供复核材料的真实性、一致性负责。复核材料参考以下内容提供：

（1）涉及企业研究开发能力的，应提供以下材料：研究开发活动相关证明材料原件，如立项报告、立项批文、研发投入证明材料、中期报告、阶段性成果、结题报告与项目相关的检测分析报告、项目验收材料、试验产品与样品等证明材料。

（2）涉及企业研究开发费用占比的，应提供以下材料：企业被复核年度的近三个会计年度审计报告、研究开发费用专项审计或鉴证报告、专账、辅助账，若确有需要可进一步

提供相关核算科目的原始凭证等证明材料备查。

（3）涉及企业主营产品（服务）技术领域、高新技术产品（服务）收入占比的，应提供以下材料：企业被复核年度的上一年度的年度审计报告、高新技术产品（服务）收入专项审计或鉴证报告、高新技术产品收入明细表、高新技术产品的销售合同及发票等证明材料。

（4）涉及企业知识产权情况、科技成果转化情况、技术创新能力水平的，应提供以下材料：知识产权证书原件、反映技术水平的证明材料、知识产权与主营业务相关性说明、科研项目立项和结题验收证明材料、科技成果转化相关材料（如总体情况与转化形式、应用成效的逐项说明）、研究开发组织管理相关材料。

（5）涉及企业科技人员占比情况的，应提供以下材料：企业员工花名册、用工合同、上一年度全年员工工资表、个税或社保截图、科技人员花名册等。

（6）涉及企业生产经营能力、成长性水平的，应提供以下材料：企业被复核年度的近三个会计年度的财务会计报告、会计账簿、相关核算科目的原始凭证等证明材料。

二、高企变更

根据《认定办法》《工作指引》要求，有效期内高企发生名称变更或与认定条件有关的重大变化如分立、合并、重组以及经营业务发生变化等，应在三个月内向所在地认定管理机构报告，并提交变更申请材料。省认定办常年受理高企变更申请，定期组织专家审核，发布处理结果。地市科技管理部门协助通知、受理变更申请材料报送。本书所述高企变更工作程序及变更类型，主要是依据目前（截至2021年底）广东省高企管理工作做法，如有新办法，应遵照新办法执行。

（一）工作程序

1. 组织变更申请

省科技厅组织高企变更工作批次计划，地市、区（县）科技管理部门及时通知辖内相关企业在国家高企网填报提交变更申请。

2. 企业填报提交

企业在系统提交成功后，将相关纸质材料打印装订，一式一份报地市/区（县）科技管理部门。地市/区（县）科技管理部门登录国家高企网，核对企业提交纸质材料的一致性、完整性，审查无误后汇总报送至省科技厅。

3. 专家审核

省科技厅组织专家对企业提交的变更材料进行评审，判定企业变更类型、企业变更后是否仍符合高企条件要求，并提出审核意见。

4. 公示公告

经审核确认符合认定条件的，省认定办公示企业名单，并报国家高企认定办审核备案。公示无异议后，重新核发认定证书，编号与有效期不变。不符合认定条件的，自发生变更日起终止其高企资格。

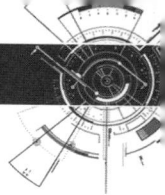

（二）变更类型

1. 简单变更

企业经营业务、主要产品所属技术领域未发生重大变化的名称变更或企业内部股权变更，均属于简单变更。

简单变更需提交以下材料：

（1）高企认定管理工作网打印的《高新技术企业名称变更申请书》；

（2）工商管理部门出具的核准变更通知书及其他名称变更证明文件；

（3）企业更名后的营业执照副本和组织机构代码证复印件；

（4）高新技术企业证书复印件。

2. 复杂变更

企业经营业务、主要产品所属技术领域等发生重大变化引起的名称变更或企业发生分立、合并、重组，均属于复杂变更。

复杂变更需提交以下材料（其中 7~9 项材料在年度结束后三个月内提交）：

（1）高企认定管理工作网打印的《高新技术企业名称变更申请书》；

（2）工商管理部门出具的核准变更通知书及其他名称变更证明文件；

（3）企业更名前后的营业执照副本和组织机构代码证复印件；

（4）原高新技术企业证书复印件；

（5）企业名称变更当年的人员情况说明（包括名称变更前后企业职工总数、企业技术人员、研发人员数及其所占比例）；

（6）企业拥有的核心自主知识产权现状的证明材料（包括申报高新技术企业时所列知识产权及其他知识产权，并附权属人变更证明材料）；

（7）企业名称变更当年的年度研发项目情况表和高新技术产品（服务）情况表；

（8）经具有资质的中介机构审计的企业名称变更当年的年度财务审计报表（含资产负债表、利润及利润分配表、现金流量表）；

（9）经具有资质的中介机构审计的企业名称变更当年年度研究开发费用和高新技术产品（服务）收入专项审计报告。

3. 异地搬迁

企业发生跨认定机构管理区域整体搬迁的，均属于异地搬迁。企业未发生跨认定机构整体搬迁，仅生产经营地址发生变化的，不属于异地搬迁的范畴。

异地搬迁需提交以下材料：

（1）提供搬迁前后公司的营业执照，在迁入地新注册公司的社会统一信用代码须与搬迁前公司的相同。

（2）须向迁入地认定机构提交有效期内的《高新技术企业证书》及迁入地工商等登记管理机关核发的完成迁入的相关证明材料，以及当地科技管理部门核实已整体迁入的相关证明。

第五节　广东省高企认定专家管理

广东省高企评审依托省阳光政务平台，采取网上评审的方式开展。省阳光政务平台集成了专家库管理、专家评审等多个模块功能，实现了高企分组、专家抽取、专家评审、结果汇总的全链条管理，专家评审结果由系统自动进行汇总，极大地提升专家评审的效率和高企评审质量，确保了高企评审的公平公正和高效快捷。

一、专家资格及要求

入选广东省高企专家库的专家，须具备如下条件：

（1）具有中华人民共和国公民资格，并在中国境内居住和工作。

（2）技术专家应具有高级技术职称，并具有《国家重点支持的高新技术领域》相关专业背景和实践经验，对该技术领域的发展及市场状况有较全面的了解；财务专家应具有相关高级技术职称，或具有注册会计师或税务师资格且从事财税工作10年以上，精通企业财务管理和高新技术企业研发费、高新收入专项审计工作。

（3）具有良好的职业道德，能够认真、公正、廉洁、按时完成相关评审、咨询任务。

（4）了解国家科技、经济及产业政策，掌握《认定办法》《工作指引》等高企相关政策，熟悉高企评审工作有关要求。

二、专家库征集管理

广东省高企专家通过省阳光政务平台专家库征集入库，备选专家所从事或熟悉的技术必须与国家重点支持技术领域二级以上目录相符，经审核确认后入库。高企专家库内对应重点领域二级以上目录的技术专家和财务专家数量不少于所需评审专家的3倍。

三、专家培训测评

省认定办定期召开专家培训会，学习《认定办法》《工作指引》等有关政策，了解评审要求，熟悉评审系统，提高评审质量。为提高评审专家对高企评审要点的理解和评审系统的熟悉，在组织线下现场专家培训会的同时，在专家评审系统上传了政策培训视频，通过线上线下结合、政策宣讲培训和业务水平测试相结合的方式，实现高企专家库专家培训全覆盖。

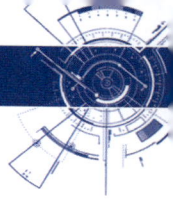

四、专家评审

省科技厅按照《认定办法》中的二级以上技术领域目录，对申报企业进行分组。由科技厅相关监管部门共同参与，启动专家抽取，根据评审组对应的二级以上技术领域目录，在高企专家库随机抽取并系统短信征询，经专家确认后形成评审专家组。

专家登录省阳光政务平台，查看企业申报书，对照《工作指引》评分细则，分别对企业的各项指标进行评判打分。专家网络评审结束后，系统自动汇总本组各专家评分进行加权平均，结合技术专家、财务专家的评审结果，形成网络评审结果。

五、专家评审情况管理

省科技厅对专家评审进行监督和管理。评审过程中，发现评审异常情况及时提醒专家，评审结束后，开展专家评审质量监控分析，不尽责专家纳入省科技厅专家诚信记录。同时，建立评审专家库动态更新机制，依照专家评审的质量、对专家评审过程监控的情况，每年对专家库进行调整，移除不胜任、不严谨、不合格的专家，征集补充一批新专家。

第六节　广东省高企申报服务机构监督管理

一、中介机构

中介机构是指符合《工作指引》"中介机构的条件"要求，具有出具研究开发费用和高新技术产品（服务）收入专项审计报告资质的会计师事务所、税务师事务所。省认定办依照《认定办法》和《工作指引》规定，督促中介机构履行职责，遵守纪律。省财政厅、省税务局分别指导省注册会计师协会、省注册税务师协会对疑似存在弄虚作假等问题的中介机构开展执业检查。同时，建立中介机构及注册会计师、注册税务师黑名单共享机制，并定期向社会公布中介机构及注册会计师、注册税务师黑名单。

根据《工作指引》要求，出具审计报告的中介机构应符合以下条件：

（1）具备独立执业资格，成立三年以上，近三年内无不良记录。

（2）承担认定工作当年的注册会计师或注册税务师人数占职工全年月平均人数的比例不低于30%，全年月平均在职职工人数在20人以上。

（3）相关人员应具有良好的职业道德，了解国家科技、经济及产业政策，熟悉高新技术企业认定工作有关要求。

广东省为加强中介机构管理，提高审计报告质量，对中介机构及出具审计报告加强了本地化管理要求。出具审计报告的会计师事务所，及其出具的年度审计报告、研发费用专项审计报告、高新技术产品（服务）收入专项审计报告均要求在广东省注册会计师协会报备，申报材料中审计报告须提供防伪码。出具审计报告的税务师事务所，及其出具的鉴证报告均要求在广东省注册税务师协会报备，申报材料中鉴证报告须提供防伪码。

二、强化审计报告管理

省认定办多措并举强化审计报告真实性、一致性审核，严防高企认定中鉴证报告弄虚作假。

（1）出具企业研究开发费用、高新技术产品（服务）收入专项审计的中介机构应提供营业执照复印件、执业证书复印件、全年月平均职工人数、注册会计师人数、税务师人数等相关证明材料，作为附件附在专项审计报告后。

（2）省财政厅配合做好高企认定系统与审计报告防伪报备系统数据对接省高企认定系统，省税务局协调鉴证报告数据与高企认定系统数据对接，通过信息互通互联，加强申报材料真实性、一致性把关。

（3）为进一步提高审计报告质量，在高企评审中，组织财务专家对出具审计报告的中介机构资质和相关审计报告质量进行评价，评价结果反馈省注册会计师协会、省注册税务师协会。

高新技术企业认定管理办法

第一章 总 则

第一条 为扶持和鼓励高新技术企业发展，根据《中华人民共和国企业所得税法》（以下称《企业所得税法》）、《中华人民共和国企业所得税法实施条例》（以下称《实施条例》）有关规定，特制定本办法。

第二条 本办法所称的高新技术企业是指：在《国家重点支持的高新技术领域》内，持续进行研究开发与技术成果转化，形成企业核心自主知识产权，并以此为基础开展经营活动，在中国境内（不包括港、澳、台地区）注册的居民企业。

第三条 高新技术企业认定管理工作应遵循突出企业主体、鼓励技术创新、实施动态管理、坚持公平公正的原则。

第四条 依据本办法认定的高新技术企业，可依照《企业所得税法》及其《实施条例》、《中华人民共和国税收征收管理法》（以下称《税收征管法》）及《中华人民共和国税收征收管理法实施细则》（以下称《实施细则》）等有关规定，申报享受税收优惠政策。

第五条 科技部、财政部、税务总局负责全国高新技术企业认定工作的指导、管理和监督。

第二章 组织与实施

第六条 科技部、财政部、税务总局组成全国高新技术企业认定管理工作领导小组（以下称"领导小组"），其主要职责为：

（一）确定全国高新技术企业认定管理工作方向，审议高新技术企业认定管理工作报告；

（二）协调、解决认定管理及相关政策落实中的重大问题；

（三）裁决高新技术企业认定管理事项中的重大争议，监督、检查各地区认定管理工作，对发现的问题指导整改。

第七条 领导小组下设办公室，由科技部、财政部、税务总局相关人员组成，办公室设在科技部，其主要职责为：

（一）提交高新技术企业认定管理工作报告，研究提出政策完善建议；

（二）指导各地区高新技术企业认定管理工作，组织开展对高新技术企业认定管理工作的监督检查，对发现的问题提出整改处理建议；

（三）负责各地区高新技术企业认定工作的备案管理，公布认定的高新技术企业名单，核发高新技术企业证书编号；

（四）建设并管理"高新技术企业认定管理工作网"；

（五）完成领导小组交办的其他工作。

第八条 各省、自治区、直辖市、计划单列市科技行政管理部门同本级财政、税务部门组成本地区高新技术企业认定管理机构（以下称"认定机构"）。认定机构下设办公室，由省级、计划单列市科技、财政、税务部门相关人员组成，办公室设在省级、计划单列市科技行政主管部门。认定机构主要职责为：

（一）负责本行政区域内的高新技术企业认定工作，每年向领导小组办公室提交本地区高新技术企业认定管理工作报告；

（二）负责将认定后的高新技术企业按要求报领导小组办公室备案，对通过备案的企业颁发高新技术企业证书；

（三）负责遴选参与认定工作的评审专家（包括技术专家和财务专家），并加强监督管理；

（四）负责对已认定企业进行监督检查，受理、核实并处理复核申请及有关举报等事项，落实领导小组及其办公室提出的整改建议；

（五）完成领导小组办公室交办的其他工作。

第九条 通过认定的高新技术企业，其资格自颁发证书之日起有效期为三年。

第十条 企业获得高新技术企业资格后，自高新技术企业证书颁发之日所在年度起享受税收优惠，可依照本办法第四条的规定到主管税务机关办理税收优惠手续。

第三章　认定条件与程序

第十一条 认定为高新技术企业须同时满足以下条件：

（一）企业申请认定时须注册成立一年以上；

（二）企业通过自主研发、受让、受赠、并购等方式，获得对其主要产品（服务）在技术上发挥核心支持作用的知识产权的所有权；

（三）对企业主要产品（服务）发挥核心支持作用的技术属于《国家重点支持的高新技术领域》规定的范围；

（四）企业从事研发和相关技术创新活动的科技人员占企业当年职工总数的比例不低于10%；

（五）企业近三个会计年度（实际经营期不满三年的按实际经营时间计算，下同）的研究开发费用总额占同期销售收入总额的比例符合如下要求：

1. 最近一年销售收入小于5 000万元（含）的企业，比例不低于5%；

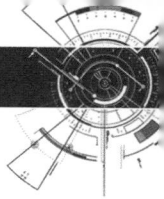

2. 最近一年销售收入在 5 000 万元至 2 亿元（含）的企业，比例不低于 4%；

3. 最近一年销售收入在 2 亿元以上的企业，比例不低于 3%。

其中，企业在中国境内发生的研究开发费用总额占全部研究开发费用总额的比例不低于 60%；

（六）近一年高新技术产品（服务）收入占企业同期总收入的比例不低于 60%；

（七）企业创新能力评价应达到相应要求；

（八）企业申请认定前一年内未发生重大安全、重大质量事故或严重环境违法行为。

第十二条 高新技术企业认定程序如下：

（一）企业申请

企业对照本办法进行自我评价。认为符合认定条件的在"高新技术企业认定管理工作网"注册登记，向认定机构提出认定申请。申请时提交下列材料：

1. 高新技术企业认定申请书；

2. 证明企业依法成立的相关注册登记证件；

3. 知识产权相关材料、科研项目立项证明、科技成果转化、研究开发的组织管理等相关材料；

4. 企业高新技术产品（服务）的关键技术和技术指标、生产批文、认证认可和相关资质证书、产品质量检验报告等相关材料；

5. 企业职工和科技人员情况说明材料；

6. 经具有资质的中介机构出具的企业近三个会计年度研究开发费用和近一个会计年度高新技术产品（服务）收入专项审计或鉴证报告，并附研究开发活动说明材料；

7. 经具有资质的中介机构鉴证的企业近三个会计年度的财务会计报告（包括会计报表、会计报表附注和财务情况说明书）；

8. 近三个会计年度企业所得税年度纳税申报表。

（二）专家评审

认定机构应在符合评审要求的专家中，随机抽取组成专家组。专家组对企业申报材料进行评审，提出评审意见。

（三）审查认定

认定机构结合专家组评审意见，对申请企业进行综合审查，提出认定意见并报领导小组办公室。认定企业由领导小组办公室在"高新技术企业认定管理工作网"公示 10 个工作日，无异议的，予以备案，并在"高新技术企业认定管理工作网"公告，由认定机构向企业颁发统一印制的"高新技术企业证书"；有异议的，由认定机构进行核实处理。

第十三条 企业获得高新技术企业资格后，应每年 5 月底前在"高新技术企业认定管理工作网"填报上一年度知识产权、科技人员、研发费用、经营收入等年度发展情况报表。

第十四条 对于涉密企业，按照国家有关保密工作规定，在确保涉密信息安全的前提下，按认定工作程序组织认定。

第四章　监督管理

第十五条　科技部、财政部、税务总局建立随机抽查和重点检查机制，加强对各地高新技术企业认定管理工作的监督检查。对存在问题的认定机构提出整改意见并限期改正，问题严重的给予通报批评，逾期不改的暂停其认定管理工作。

第十六条　对已认定的高新技术企业，有关部门在日常管理过程中发现其不符合认定条件的，应提请认定机构复核。复核后确认不符合认定条件的，由认定机构取消其高新技术企业资格，并通知税务机关追缴其不符合认定条件年度起已享受的税收优惠。

第十七条　高新技术企业发生更名或与认定条件有关的重大变化（如分立、合并、重组以及经营业务发生变化等）应在三个月内向认定机构报告。经认定机构审核符合认定条件的，其高新技术企业资格不变，对于企业更名的，重新核发认定证书，编号与有效期不变；不符合认定条件的，自更名或条件变化年度起取消其高新技术企业资格。

第十八条　跨认定机构管理区域整体迁移的高新技术企业，在其高新技术企业资格有效期内完成迁移的，其资格继续有效；跨认定机构管理区域部分搬迁的，由迁入地认定机构按照本办法重新认定。

第十九条　已认定的高新技术企业有下列行为之一的，由认定机构取消其高新技术企业资格：

（一）在申请认定过程中存在严重弄虚作假行为的；

（二）发生重大安全、重大质量事故或有严重环境违法行为的；

（三）未按期报告与认定条件有关重大变化情况，或累计两年未填报年度发展情况报表的。

对被取消高新技术企业资格的企业，由认定机构通知税务机关按《税收征管法》及有关规定，追缴其自发生上述行为之日所属年度起已享受的高新技术企业税收优惠。

第二十条　参与高新技术企业认定工作的各类机构和人员对所承担的有关工作负有诚信、合规、保密义务。违反高新技术企业认定工作相关要求和纪律的，给予相应处理。

第五章　附　则

第二十一条　科技部、财政部、税务总局根据本办法另行制定《高新技术企业认定管理工作指引》。

第二十二条　本办法由科技部、财政部、税务总局负责解释。

第二十三条　本办法自 2016 年 1 月 1 日起实施。原《高新技术企业认定管理办法》（国科发火〔2008〕172 号）同时废止。

附录二

高新技术企业认定管理工作指引

一、组织与实施
二、认定程序
三、认定条件
四、享受税收优惠
五、监督管理
六、高新技术企业认定管理工作网功能及操作提要
七、附件

根据《高新技术企业认定管理办法》（国科发火〔2016〕32 号，以下称《认定办法》）的规定，制定本工作指引。

一、组织与实施

（一）领导小组办公室

全国高新技术企业认定管理工作领导小组办公室设在科技部火炬高技术产业开发中心，由科技部、财政部、税务总局相关人员组成，负责处理日常工作。

（二）认定机构

各省、自治区、直辖市、计划单列市科技行政管理部门同本级财政、税务部门组成本地区高新技术企业认定管理机构（以下称"认定机构"）。认定机构下设办公室，办公室设在省级、计划单列市科技行政主管部门，由省级、计划单列市科技、财政、税务部门相关人员组成。

认定机构组成部门应协同配合、认真负责地开展高新技术企业认定管理工作。

（三）中介机构

专项审计报告或鉴证报告（以下统称"专项报告"）应由符合以下条件的中介机构出具。企业可自行选择符合以下条件的中介机构。

1. 中介机构条件

（1）具备独立执业资格，成立三年以上，近三年内无不良记录。

（2）承担认定工作当年的注册会计师或税务师人数占职工全年月平均人数的比例不低于30%，全年月平均在职职工人数在 20 人以上。

（3）相关人员应具有良好的职业道德，了解国家科技、经济及产业政策，熟悉高新技术企业认定工作有关要求。

2. 中介机构职责

接受企业委托，委派具备资格的相关人员，依据《认定办法》和《工作指引》客观公正地对企业的研究开发费用和高新技术产品（服务）收入进行专项审计或鉴证，出具专项报告。

3. 中介机构纪律

中介机构及相关人员应坚持原则，办事公正，据实出具专项报告，对工作中出现严重失误或弄虚作假等行为的，由认定机构在"高新技术企业认定管理工作网"上公告，自公告之日起 3 年内不得参与高新技术企业认定相关工作。

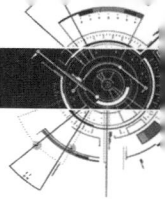

（四）专家

1. 专家条件

（1）具有中华人民共和国公民资格，并在中国大陆境内居住和工作。

（2）技术专家应具有高级技术职称，并具有《技术领域》内相关专业背景和实践经验，对该技术领域的发展及市场状况有较全面的了解。财务专家应具有相关高级技术职称，或具有注册会计师或税务师资格且从事财税工作 10 年以上。

（3）具有良好的职业道德，坚持原则，办事公正。

（4）了解国家科技、经济及产业政策，熟悉高新技术企业认定工作有关要求。

2. 专家库及专家选取办法

（1）认定机构应建立专家库（包括技术专家和财务专家），实行专家聘任制和动态管理，备选专家应不少于评审专家的 3 倍。

（2）认定机构根据企业主营产品（服务）的核心技术所属技术领域随机抽取专家，组成专家组，并指定 1 名技术专家担任专家组组长，开展认定评审工作。

3. 专家职责

（1）审查企业的研究开发活动（项目）、年度财务会计报告和专项报告等是否符合《认定办法》及《工作指引》的要求。

（2）按照《认定办法》及《工作指引》的规定，评审专家对企业申报信息进行独立评价。技术专家应主要侧重对企业知识产权、研究开发活动、主营业务、成果转化及高新技术产品（服务）等情况进行评价打分；财务专家应参照中介机构提交的专项报告、企业的财务会计报告和纳税申报表等进行评价打分。

（3）在各评审专家独立评价的基础上，由专家组进行综合评价。

4. 专家纪律

（1）应按照《认定办法》《工作指引》的要求，独立、客观、公正地对企业进行评价，并签订承诺书。

（2）评审与其有利益关系的企业时，应主动申明并回避。

（3）不得披露、使用申请企业的技术经济信息和商业秘密，不得复制保留或向他人扩散评审材料，不得泄露评审结果。

（4）不得利用其特殊身份和影响，采取非正常手段为申请企业认定提供便利。

（5）认定评审期间，未经认定机构许可不得擅自与企业联系或进入企业调查。

（6）不得收受申请企业给予的好处和利益。

一经发现违反上述规定，由认定机构取消其参与高新技术企业认定工作资格。

二、认定程序

（一）自我评价

企业应对照《认定办法》和本《工作指引》进行自我评价。

（二）注册登记

企业登录"高新技术企业认定管理工作网"（网址：www.innocom.gov.cn），按要求填写《企业注册登记表》（附件1），并通过网络系统提交至认定机构。认定机构核对企业注册信息，在网络系统上确认激活后，企业可以开展后续申报工作。

（三）提交材料

企业登录"高新技术企业认定管理工作网"，按要求填写《高新技术企业认定申请书》（附件2），通过网络系统提交至认定机构，并向认定机构提交下列书面材料：

1. 《高新技术企业认定申请书》（在线打印并签名、加盖企业公章）；

2. 证明企业依法成立的《营业执照》等相关注册登记证件的复印件；

3. 知识产权相关材料（知识产权证书及反映技术水平的证明材料、参与制定标准情况等）、科研项目立项证明（已验收或结题项目需附验收或结题报告）、科技成果转化（总体情况与转化形式、应用成效的逐项说明）、研究开发组织管理（总体情况与四项指标符合情况的具体说明）等相关材料；

4. 企业高新技术产品（服务）的关键技术和技术指标的具体说明，相关的生产批文、认证认可和资质证书、产品质量检验报告等材料；

5. 企业职工和科技人员情况说明材料，包括在职、兼职和临时聘用人员人数、人员学历结构、科技人员名单及其工作岗位等；

6. 经具有资质并符合本《工作指引》相关条件的中介机构出具的企业近三个会计年度（实际年限不足三年的按实际经营年限，下同）研究开发费用、近一个会计年度高新技术产品（服务）收入专项审计或鉴证报告，并附研究开发活动说明材料；

7. 经具有资质的中介机构鉴证的企业近三个会计年度的财务会计报告（包括会计报表、会计报表附注和财务情况说明书）；

8. 近三个会计年度企业所得税年度纳税申报表（包括主表及附表）。

对涉密企业，须将申请认定高新技术企业的申报材料做脱密处理，确保涉密信息安全。

（四）专家评审

认定机构收到企业申请材料后，根据企业主营产品（服务）的核心技术所属技术领域在符合评审要求的专家中，随机抽取专家组成专家组，对每个企业的评审专家不少于5人（其中技术专家不少于60%，并至少有1名财务专家）。每名技术专家单独填写《高新技术企业认定技术专家评价表》（附件3），每名财务专家单独填写《高新技术企业认定财务专家评价表》（附件4），专家组长汇总各位专家分数，按分数平均值填写《高新技术企业认定专家组综合评价表》（附件5）。具备条件的地区可进行网络评审。

（五）认定报备

认定机构结合专家组评审意见，对申请企业申报材料进行综合审查（可视情况对部分

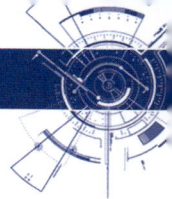

企业进行实地核查），提出认定意见，确定认定高新技术企业名单，报领导小组办公室备案，报送时间不得晚于每年 11 月底。

（六）公示公告

经认定报备的企业名单，由领导小组办公室在"高新技术企业认定管理工作网"公示 10 个工作日。无异议的，予以备案，认定时间以公示时间为准，核发证书编号，并在"高新技术企业认定管理工作网"上公告企业名单，由认定机构向企业颁发统一印制的"高新技术企业证书"（加盖认定机构科技、财政、税务部门公章）；有异议的，须以书面形式实名向领导小组办公室提出，由认定机构核实处理。

领导小组办公室对报备企业可进行随机抽查，对存在问题的企业交由认定机构核实情况并提出处理建议。

认定流程如下图所示：

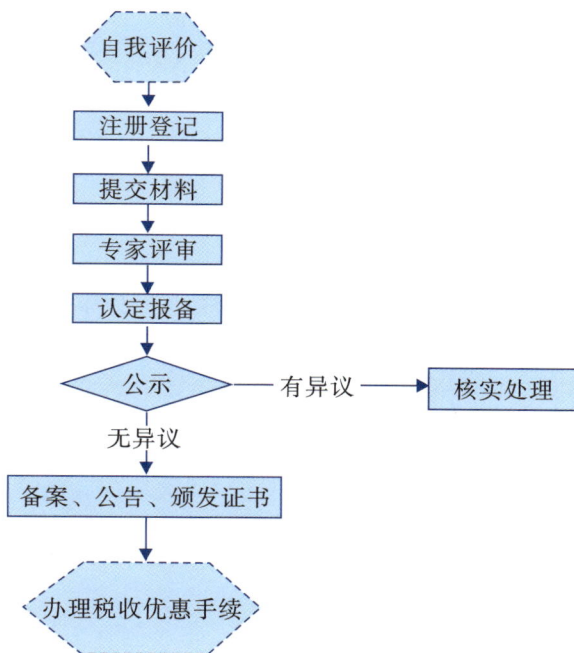

三、认定条件

（一）年限

《认定办法》第十一条"须注册成立一年以上"是指企业须注册成立 365 个日历天数以上；"当年""最近一年"和"近一年"都是指企业申报前 1 个会计年度；"近三个会计

年度"是指企业申报前的连续 3 个会计年度（不含申报年）；"申请认定前一年内"是指申请前的 365 天之内（含申报年）。

（二）知识产权

1. 高新技术企业认定所指的知识产权须在中国境内授权或审批审定，并在中国法律的有效保护期内。知识产权权属人应为申请企业。

2. 不具备知识产权的企业不能认定为高新技术企业。

3. 高新技术企业认定中，对企业知识产权情况采用分类评价方式，其中：发明专利（含国防专利）、植物新品种、国家级农作物品种、国家新药、国家一级中药保护品种、集成电路布图设计专有权等按Ⅰ类评价；实用新型专利、外观设计专利、软件著作权等（不含商标）按Ⅱ类评价。

4. 按Ⅱ类评价的知识产权在申请高新技术企业时，仅限使用一次。

5. 在申请高新技术企业及高新技术企业资格存续期内，知识产权有多个权属人时，只能由一个权属人在申请时使用。

6. 申请认定时专利的有效性以企业申请认定前获得授权证书或授权通知书并能提供缴费收据为准。

7. 发明、实用新型、外观设计、集成电路布图设计专有权可在国家知识产权局网站（http://www. sipo. gov. cn）查询专利标记和专利号；国防专利须提供国家知识产权局授予的国防专利证书；植物新品种可在农业部植物新品种保护办公室网站（http://www. cnpvp. cn）和国家林业局植物新品种保护办公室网站（http://www. cnpvp. net）查询；国家级农作物品种是指农业部国家农作物品种审定委员会审定公告的农作物品种；国家新药须提供国家食品药品监督管理局签发的新药证书；国家一级中药保护品种须提供国家食品药品监督管理局签发的中药保护品种证书；软件著作权可在国家版权局中国版权保护中心网站（http://www. ccopyright. com. cn）查询软件著作权标记（亦称版权标记）。

（三）高新技术产品（服务）与主要产品（服务）

高新技术产品（服务）是指对其发挥核心支持作用的技术属于《国家重点支持的高新技术领域》规定范围的产品（服务）。

主要产品（服务）是指高新技术产品（服务）中，拥有在技术上发挥核心支持作用的知识产权的所有权，且收入之和在企业同期高新技术产品（服务）收入中超过 50% 的产品（服务）。

（四）高新技术产品（服务）收入占比

高新技术产品（服务）收入占比是指高新技术产品（服务）收入与同期总收入的比值。

1. 高新技术产品（服务）收入

高新技术产品（服务）收入是指企业通过研发和相关技术创新活动，取得的产品（服务）收入与技术性收入的总和。对企业取得上述收入发挥核心支持作用的技术应属于《技术

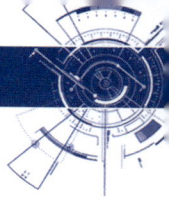

领域》规定的范围。其中，技术性收入包括：

（1）技术转让收入：指企业技术创新成果通过技术贸易、技术转让所获得的收入；

（2）技术服务收入：指企业利用自己的人力、物力和数据系统等为社会和本企业外的用户提供技术资料、技术咨询与市场评估、工程技术项目设计、数据处理、测试分析及其他类型的服务所获得的收入；

（3）接受委托研究开发收入：指企业承担社会各方面委托研究开发、中间试验及新产品开发所获得的收入。

企业应正确计算高新技术产品（服务）收入，由具有资质并符合本《工作指引》相关条件的中介机构进行专项审计或鉴证。

2．总收入

总收入是指收入总额减去不征税收入。

收入总额与不征税收入按照《中华人民共和国企业所得税法》（以下称《企业所得税法》）及《中华人民共和国企业所得税法实施条例》（以下称《实施条例》）的规定计算。

（五）企业科技人员占比

企业科技人员占比是企业科技人员数与职工总数的比值。

1．科技人员

企业科技人员是指直接从事研发和相关技术创新活动，以及专门从事上述活动的管理和提供直接技术服务的，累计实际工作时间在 183 天以上的人员，包括在职、兼职和临时聘用人员。

2．职工总数

企业职工总数包括企业在职、兼职和临时聘用人员。在职人员可以通过企业是否签订了劳动合同或缴纳社会保险费来鉴别；兼职、临时聘用人员全年须在企业累计工作 183 天以上。

3．统计方法

企业当年职工总数、科技人员数均按照全年月平均数计算。

月平均数 =（月初数 + 月末数）÷2

全年月平均数 = 全年各月平均数之和 ÷12

年度中间开业或者终止经营活动的，以其实际经营期作为一个纳税年度确定上述相关指标。

（六）企业研究开发费用占比

企业研究开发费用占比是企业近三个会计年度的研究开发费用总额占同期销售收入总额的比值。

1．企业研究开发活动确定

研究开发活动是指，为获得科学与技术（不包括社会科学、艺术或人文学）新知识，创造性运用科学技术新知识，或实质性改进技术、产品（服务）、工艺而持续进行的具有明确目标的活动。不包括企业对产品（服务）的常规性升级或对某项科研成果直接应用等活动（如直接采用新的材料、装置、产品、服务、工艺或知识等）。

企业应按照研究开发活动的定义填写附件2《高新技术企业认定申请书》中的"四、企业研究开发活动情况表"。

专家评价过程中可参考如下方法判断：

——行业标准判断法。若国家有关部门、全国（世界）性行业协会等具备相应资质的机构提供了测定科技"新知识"、"创造性运用科学技术新知识"或"具有实质性改进的技术、产品（服务）、工艺"等技术参数（标准），则优先按此参数（标准）来判断企业所进行项目是否为研究开发活动。

——专家判断法。如果企业所在行业中没有发布公认的研发活动测度标准，则通过本行业专家进行判断。获得新知识、创造性运用新知识以及技术的实质改进，应当是取得被同行业专家认可的、有价值的创新成果，对本地区相关行业的技术进步具有推动作用。

——目标或结果判定法。在采用行业标准判断法和专家判断法不易判断企业是否发生了研发活动时，以本方法作为辅助。重点了解研发活动的目的、创新性、投入资源（预算），以及是否取得了最终成果或中间成果（如专利等知识产权或其他形式的科技成果）。

2. 研究开发费用的归集范围

（1）人员人工费用

包括企业科技人员的工资薪金、基本养老保险费、基本医疗保险费、失业保险费、工伤保险费、生育保险费和住房公积金，以及外聘科技人员的劳务费用。

（2）直接投入费用

直接投入费用是指企业为实施研究开发活动而实际发生的相关支出。包括：

——直接消耗的材料、燃料和动力费用；

——用于中间试验和产品试制的模具、工艺装备开发及制造费，不构成固定资产的样品、样机及一般测试手段购置费，试制产品的检验费；

——用于研究开发活动的仪器、设备的运行维护、调整、检验、检测、维修等费用，以及通过经营租赁方式租入的用于研发活动的固定资产租赁费。

（3）折旧费用与长期待摊费用

折旧费用是指用于研究开发活动的仪器、设备和在用建筑物的折旧费。

长期待摊费用是指研发设施的改建、改装、装修和修理过程中发生的长期待摊费用。

（4）无形资产摊销费用

无形资产摊销费用是指用于研究开发活动的软件、知识产权、非专利技术（专有技术、许可证、设计和计算方法等）的摊销费用。

（5）设计费用

设计费用是指为新产品和新工艺进行构思、开发和制造，进行工序、技术规范、规程制定、操作特性方面的设计等发生的费用。包括为获得创新性、创意性、突破性产品进行的创意设计活动发生的相关费用。

（6）装备调试费用与试验费用

装备调试费用是指工装准备过程中研究开发活动所发生的费用，包括研制特殊、专用的生产机器，改变生产和质量控制程序，或制定新方法及标准等活动所发生的费用。

为大规模批量化和商业化生产所进行的常规性工装准备和工业工程发生的费用不能计入归集范围。

试验费用包括新药研制的临床试验费、勘探开发技术的现场试验费、田间试验费等。

（7）委托外部研究开发费用

委托外部研究开发费用是指企业委托境内外其他机构或个人进行研究开发活动所发生的费用（研究开发活动成果为委托方企业拥有，且与该企业的主要经营业务紧密相关）。委托外部研究开发费用的实际发生额应按照独立交易原则确定，按照实际发生额的80%计入委托方研发费用总额。

（8）其他费用

其他费用是指上述费用之外与研究开发活动直接相关的其他费用，包括技术图书资料费、资料翻译费、专家咨询费、高新科技研发保险费，研发成果的检索、论证、评审、鉴定、验收费用，知识产权的申请费、注册费、代理费，会议费、差旅费、通讯费等。此项费用一般不得超过研究开发总费用的20%，另有规定的除外。

3. 企业在中国境内发生的研究开发费用

企业在中国境内发生的研究开发费用，是指企业内部研究开发活动实际支出的全部费用与委托境内其他机构或个人进行的研究开发活动所支出的费用之和，不包括委托境外机构或个人完成的研究开发活动所发生的费用。受托研发的境外机构是指依照外国和地区（含港澳台）法律成立的企业和其他取得收入的组织；受托研发的境外个人是指外籍（含港澳台）个人。

4. 企业研究开发费用归集办法

企业应正确归集研发费用，由具有资质并符合本《工作指引》相关条件的中介机构进行专项审计或鉴证。

企业的研究开发费用是以单个研发活动为基本单位分别进行测度并加总计算的。企业应对包括直接研究开发活动和可以计入的间接研究开发活动所发生的费用进行归集，并填写附件2《高新技术企业认定申请书》中的"企业年度研究开发费用结构明细表"。

企业应按照"企业年度研究开发费用结构明细表"设置高新技术企业认定专用研究开发费用辅助核算账目，提供相关凭证及明细表，并按本《工作指引》要求进行核算。

5. 销售收入

销售收入为主营业务收入与其他业务收入之和。

主营业务收入与其他业务收入按照企业所得税年度纳税申报表的口径计算。

（七）企业创新能力评价

企业创新能力主要从知识产权、科技成果转化能力、研究开发组织管理水平、企业成长性等四项指标进行评价。各级指标均按整数打分，满分为100分，综合得分达到70分以上（不含70分）为符合认定要求。四项指标分值结构详见下表：

序号	指标	分值
1	知识产权	≤30
2	科技成果转化能力	≤30
3	研究开发组织管理水平	≤20
4	企业成长性	≤20

1. 知识产权（≤30分）

由技术专家对企业申报的知识产权是否符合《认定办法》和《工作指引》要求，进行定性与定量结合的评价。

序号	知识产权相关评价指标	分值
1	技术的先进程度	≤8
2	对主要产品（服务）在技术上发挥核心支持作用	≤8
3	知识产权数量	≤8
4	知识产权获得方式	≤6
5	（作为参考条件，最多加2分） 企业参与编制国家标准、行业标准、检测方法、技术规范的情况	≤2

（1）技术的先进程度
  A. 高 （7~8分）   B. 较高（5~6分）
  C. 一般（3~4分）   D. 较低（1~2分）
  E. 无 （0分）

（2）对主要产品（服务）在技术上发挥核心支持作用
  A. 强 （7~8分）   B. 较强（5~6分）
  C. 一般（3~4分）   D. 较弱（1~2分）
  E. 无 （0分）

（3）知识产权数量
  A. 1项及以上（Ⅰ类）（7~8分）
  B. 5项及以上（Ⅱ类）（5~6分）
  C. 3~4项   （Ⅱ类）（3~4分）
  D. 1~2项   （Ⅱ类）（1~2分）
  E. 0项   （0分）

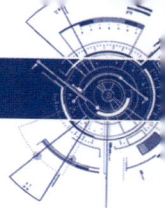

（4）知识产权获得方式

    A. 有自主研发　　　　　　　　　　（1~6 分）

    B. 仅有受让、受赠和并购等　　（1~3 分）

（5）企业参与编制国家标准、行业标准、检测方法、技术规范的情况（此项为加分项，加分后"知识产权"总分不超过 30 分。相关标准、方法和规范须经国家有关部门认证认可。）

    A. 是（1~2 分）

    B. 否（0 分）

2. 科技成果转化能力（≤30 分）

依照《促进科技成果转化法》，科技成果是指通过科学研究与技术开发所产生的具有实用价值的成果（专利、版权、集成电路布图设计等）。科技成果转化是指为提高生产力水平而对科技成果进行的后续试验、开发、应用、推广直至形成新产品、新工艺、新材料，发展新产业等活动。

科技成果转化形式包括：自行投资实施转化；向他人转让该技术成果；许可他人使用该科技成果；以该科技成果作为合作条件，与他人共同实施转化；以该科技成果作价投资、折算股份或者出资比例；以及其他协商确定的方式。

由技术专家根据企业科技成果转化总体情况和近 3 年内科技成果转化的年平均数进行综合评价。同一科技成果分别在国内外转化的，或转化为多个产品、服务、工艺、样品、样机等的，只计为一项。

    A. 转化能力强，　　≥5 项（25~30 分）

    B. 转化能力较强，≥4 项（19~24 分）

    C. 转化能力一般，≥3 项（13~18 分）

    D. 转化能力较弱，≥2 项（7~12 分）

    E. 转化能力弱，　　≥1 项（1~6 分）

    F. 转化能力无，　　0 项（0 分）

3. 研究开发组织管理水平（≤20 分）

由技术专家根据企业研究开发与技术创新组织管理的总体情况，结合以下几项评价，进行综合打分。

（1）制定了企业研究开发的组织管理制度，建立了研发投入核算体系，编制了研发费用辅助账；（≤6 分）

（2）设立了内部科学技术研究开发机构并具备相应的科研条件，与国内外研究开发机构开展多种形式产学研合作；（≤6 分）

（3）建立了科技成果转化的组织实施与激励奖励制度，建立开放式的创新创业平台；（≤4 分）

（4）建立了科技人员的培养进修、职工技能培训、优秀人才引进，以及人才绩效评价奖励制度。（≤4 分）

4. 企业成长性（≤20 分）

由财务专家选取企业净资产增长率、销售收入增长率等指标对企业成长性进行评价。

企业实际经营期不满三年的按实际经营时间计算。计算方法如下：

（1）净资产增长率

净资产增长率 $= 1/2 \times$（第二年末净资产÷第一年末净资产+第三年末净资产÷第二年末净资产）-1

净资产 $=$ 资产总额$-$负债总额

资产总额、负债总额应以具有资质的中介机构鉴证的企业会计报表期末数为准。

（2）销售收入增长率

销售收入增长率 $= 1/2 \times$（第二年销售收入÷第一年销售收入+第三年销售收入÷第二年销售收入）-1

企业净资产增长率或销售收入增长率为负的，按0分计算。第一年末净资产或销售收入为0的，按后两年计算；第二年末净资产或销售收入为0的，按0分计算。

以上两个指标分别对照下表评价档次（ABCDEF）得出分值，两项得分相加计算出企业成长性指标综合得分。

成长性得分	指标赋值	分数					
		≥35%	≥25%	≥15%	≥5%	> 0	≤0
≤20分	净资产增长率赋值 ≤10分	A	B	C	D	E	F
	销售收入增长率赋值 ≤10分	9~10分	7~8分	5~6分	3~4分	1~2分	0分

四、享受税收优惠

1. 自认定当年起，企业可持"高新技术企业"证书及其复印件，按照《企业所得税法》及《实施条例》、《中华人民共和国税收征收管理法》（以下称《税收征管法》）、《中华人民共和国税收征收管理法实施细则》（以下称《实施细则》）、《认定办法》和本《工作指引》等有关规定，到主管税务机关办理相关手续，享受税收优惠。

2. 未取得高新技术企业资格或不符合《企业所得税法》及其《实施条例》、《税收征管法》及其《实施细则》，以及《认定办法》等有关规定条件的企业，不得享受高新技术企业税收优惠。

3. 高新技术企业资格期满当年内，在通过重新认定前，其企业所得税暂按15%的税率预缴，在年度汇算清缴前未取得高新技术企业资格的，应按规定补缴税款。

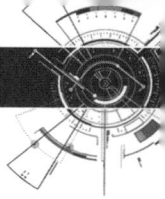

五、监督管理

（一）重点检查

根据认定管理工作需要，科技部、财政部、税务总局按照《认定办法》的要求，可组织专家对各地高新技术企业认定管理工作进行重点检查，对存在问题的视情况给予相应处理。

（二）企业年报

企业获得高新技术企业资格后，在其资格有效期内应每年5月底前通过"高新技术企业认定管理工作网"，报送上一年度知识产权、科技人员、研发费用、经营收入等年度发展情况报表（附件6）；在同一高新技术企业资格有效期内，企业累计两年未按规定时限报送年度发展情况报表的，由认定机构取消其高新技术企业资格，在"高新技术企业认定管理工作网"上公告。

认定机构应提醒、督促企业及时填报年度发展情况报表，并协助企业处理填报过程中的相关问题。

（三）复核

对已认定的高新技术企业，有关部门在日常管理过程中发现其不符合认定条件的，应以书面形式提请认定机构复核。复核后确认不符合认定条件的，由认定机构取消其高新技术企业资格，并通知税务机关追缴其不符合认定条件年度起已享受的税收优惠。

属于对是否符合《认定办法》第十一条［除（五）款外］、第十七条、第十八条和第十九条情况的企业，按《认定办法》规定办理；属于对是否符合《认定办法》第十一条（五）款产生异议的，应以问题所属年度和前两个会计年度（实际经营不满三年的按实际经营时间计算）的研究开发费用总额与同期销售收入总额之比是否符合《认定办法》第十一条（五）款规定进行复核。

（四）更名及重大变化事项

高新技术企业发生名称变更或与认定条件有关的重大变化（如分立、合并、重组以及经营业务发生变化等），应在发生之日起三个月内向认定机构报告，在"高新技术企业认定管理工作网"上提交《高新技术企业名称变更申请表》（附件7），并将打印出的《高新技术企业名称变更申请表》与相关证明材料报认定机构，由认定机构负责审核企业是否仍符合高新技术企业条件。

企业仅发生名称变更，不涉及重大变化，符合高新技术企业认定条件的，由认定机构在本地区公示10个工作日，无异议的，由认定机构重新核发认定证书，编号与有效期不变，并在"高新技术企业认定管理工作网"上公告；有异议的或有重大变化的（无论名

称变更与否），由认定机构按《认定办法》第十一条进行核实处理，不符合认定条件的，自更名或条件变化年度起取消其高新技术企业资格，并在"高新技术企业认定管理工作网"上公告。

（五）异地搬迁

1. 《认定办法》第十八条中整体迁移是指符合《中华人民共和国公司登记管理条例》第二十九条所述情况。

2. 跨认定机构管理区域整体迁移的高新技术企业须向迁入地认定机构提交有效期内的《高新技术企业证书》及迁入地工商等登记管理机关核发的完成迁入的相关证明材料。

3. 完成整体迁移的，其高新技术企业资格和《高新技术企业证书》继续有效，编号与有效期不变。由迁入地认定机构给企业出具证明材料，并在"高新技术企业认定管理工作网"上公告。

（六）其他

1. 有《认定办法》第十九条所列三种行为之一的企业，自行为发生之日所属年度起取消其高新技术企业资格，并在"高新技术企业认定管理工作网"上公告。

2. 认定机构应依据有关部门根据相关法律法规出具的意见对"重大安全、重大质量事故或有严重环境违法行为"进行判定处理。

3. 已认定的高新技术企业，无论何种原因被取消高新技术企业资格的，当年不得再次申请高新技术企业认定。

六、高新技术企业认定管理工作网功能及操作提要

"高新技术企业认定管理工作网"是根据《认定办法》建设的高新技术企业认定管理工作的信息化平台，由高新技术企业认定管理工作门户网站（以下简称"门户网站"）和高新技术企业认定管理系统（以下简称"管理系统"）构成。

（一）门户网站主要功能

门户网站（www.innocom.gov.cn）的主要功能包括：发布高新技术企业政策、工作动态、公示文件，公告备案、更名、异地搬迁、撤销资格、问题中介机构名单等信息，以及提供管理系统的登录入口。

（二）管理系统主要功能

管理系统由企业申报系统、认定机构管理系统和领导小组办公室管理系统三个子系统组成。

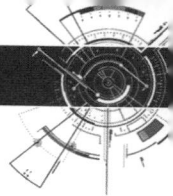

1. 企业申报系统主要功能

（1）企业注册

（2）企业信息变更

（3）企业名称变更

（4）认定申报

（5）年度发展情况报表

（6）查询

（7）密码找回

2. 认定机构管理系统主要功能

（1）企业注册管理

（2）认定申报管理

（3）撤销企业高企证书管理

（4）异地搬迁企业管理

（5）查询与统计

3. 领导小组办公室管理系统主要功能

（1）高企备案管理

（2）撤销企业高企证书管理

（3）异地搬迁企业管理

（4）查询与统计

附件1：

企业注册登记表

企业名称			注册时间	
注册类型			外资来源地	
注册资金			所属行业	
企业规模			行政区域	
组织机构代码/ 统一社会信用代码			税务登记号/ 统一社会信用代码	
企业所得税 主管税务机关	□国税　　□地税		企业所得税 征收方式	□查账征收　　□核定征收
通信地址			邮政编码	
企业法定 代表人	姓名		手机	身份证号/ 护照号
	电话		传真	E-mail
联系人	姓名		手机	
	电话		传真	E-mail
企业是否上市	□是　　□否		上市时间	
股票代码			上市类型	
是否属于国家级 高新区内企业	□是　　□否		高新区名称	

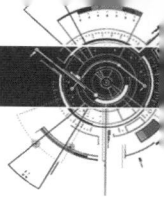

附件2:

系统填报号:＿＿＿＿＿＿＿＿＿＿＿＿＿＿＿

高新技术企业认定申请书

企业名称:＿＿＿＿＿＿＿＿＿＿＿＿＿＿＿

企业所在地区:＿＿＿省＿＿市(区、自治州)

认定机构:＿＿＿＿＿＿＿＿＿＿＿＿＿＿＿

申请日期:＿＿＿＿＿年＿＿＿月＿＿＿日

声明:本申请书上填写的有关内容和提交的资料均准确、真实、合法、有效、无涉密信息,本企业愿为此承担有关法律责任。

法定代表人(签名): (企业公章)

科技部、财政部、国家税务总局编制
二〇一六年六月

填 报 说 明

企业应参照《高新技术企业认定管理办法》、《国家重点支持的高新技术领域》(国科发火〔2016〕32号)和《高新技术企业认定管理工作指引》(国科发火〔2016〕195号)的要求填报。

本表内的所有财务数据须出自专项报告、财务会计报告或纳税申报表。

1. 企业应如实填报所附各表。要求文字简洁,数据准确、翔实。

2. 各栏目不得空缺,无内容填写"0";数据有小数时,保留小数点后2位。

3. 对企业知识产权情况采用分类评价方式,其中:发明专利(含国防专利)、植物新品种、国家级农作物品种、国家新药、国家一级中药保护品种、集成电路布图设计专有权

等按Ⅰ类评价；实用新型专利、外观设计专利、软件著作权等（不含商标）按Ⅱ类评价。

4. "基础研究投入费用总额"是指：企业研究开发费用总额中，为获得科学与技术（不包括社会科学、艺术或人文学）新知识等基础研究活动支出的费用总额。

5. 销售收入 = 主营业务收入 + 其他业务收入

企业总收入 = 收入总额 − 不征税收入

净资产 = 资产总额 − 负债总额

6. "近三年""近一年"和"申请认定前一年内"：详见《工作指引》三（一）"年限"中的说明，"近三年"即"年限"中的"近三个会计年度"。

7. "研发活动"：详见《工作指引》三（六）1中"研究开发活动确定"。

8. "高新技术产品（服务）收入"：详见《工作指引》三（四）1中"高新技术产品（服务）收入"的定义。

9. IP代表知识产权编号；RD代表研究开发活动编号；PS代表高新技术产品（服务）编号。IP、RD、PS后取两位数（01、02、……）。

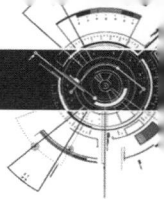

附件3：

高新技术企业认定技术专家评价表

企业名称			
企业提交的资料是否符合要求		□是　　　□否	
企业是否注册成立 一年以上		□是　　　□否	
企业是否获得符合条件的 知识产权		□是　　　□否	
核心技术是否属于 《技术领域》规定的范围		□是　　　□否 （若"是"，请填写3级技术领域标题或编号）	
科技人员占比是否符合要求		□是　　　□否	
近三年 研发费用	研发活动核定数	核除研发活动编号	
	核定总额/万元	其中：境内核定总额/万元	
近一年高新技 术产品（服务） 收入	产品（服务） 核定数	核除产品（服务）编号	
	收入核定总额/万元		

1. 知识产权（≤30分）	得分：
技术的先进程度（≤8分） 　□A. 高　　（7～8分）　　□B. 较高（5～6分） 　□C. 一般（3～4分）　　□D. 较低（1～2分） 　□E. 无　　（0分）	得分：
对主要产品（服务）在技术上发挥核心支持作用（≤8分） 　□A. 强　　（7～8分）　　□B. 较强（5～6分） 　□C. 一般（3～4分）　　□D. 较弱（1～2分） 　□E. 无　　（0分）	得分：

（续上表）

知识产权数量（≤8分） 　　□A. 1 项及以上（Ⅰ类）（7～8分） 　　□B. 5 项及以上（Ⅱ类）（5～6分） 　　□C. 3～4 项　　（Ⅱ类）（3～4分） 　　□D. 1～2 项　　（Ⅱ类）（1～2分） 　　□E. 0 项　　　　　（0分）	得分：
知识产权获得方式（≤6分） 　　□A. 有自主研发　　　　　　　（1～6分） 　　□B. 仅有受让、受赠和并购等（1～3分）	得分：
（加分项，≤2分）企业是否参与编制国家标准、行业标准、检测方法、技术规范的情况 　　□A. 是（1～2分）　　　　□B. 否（0分）	得分：
2. 科技成果转化能力（≤30分）	得分：
□A. 转化能力强，　≥5 项（25～30分）　　□B. 转化能力较强，≥4 项（19～24分） □C. 转化能力一般，≥3 项（13～18分）　　□D. 转化能力较弱，≥2 项（7～12分） □E. 转化能力弱，　≥1 项（1～6分）　　　□F. 转化能力无，　　0 项（0分）	
3. 研究开发组织管理水平（≤20分）	得分：
制定了企业研究开发的组织管理制度，建立了研发投入核算体系，编制了研发费用辅助账（≤6分）	得分：
设立了内部科学技术研究开发机构并具备相应的科研条件，与国内外研究开发机构开展多种形式的产学研合作（≤6分）	得分：
建立了科技成果转化的组织实施与激励奖励制度，建立开放式的创新创业平台（≤4分）	得分：
建立了科技人员的培养进修、职工技能培训、优秀人才引进，以及人才绩效评价奖励制度（≤4分）	得分：

对企业技术创新能力的综合评价	
合计得分	专家签名：　　　　　　　　　　年　月　日

注：各项均按整数打分。

附件4：

高新技术企业认定财务专家评价表

企业名称					
企业提交的财务资料是否符合要求			□是　　□否		
中介机构资质 是否符合要求	□是　□否	中介机构出具的审计（鉴证） 报告是否符合要求		□是　　□否	
近三年研究开发费用 归集是否符合要求	□是　□否	近一年高新技术产品（服务） 收入归集是否符合要求		□是　　□否	
近三年销 售收入/万元	第一年		近三年净 资产/万元	第一年	
	第二年			第二年	
	第三年			第三年	
净资产增长率			销售收入增长率		
近三年销售收入合计/万元			近一年企业总收入/万元		
企业成长性（≤20分）				合计：	
净资产增长率（≤10分） 　□A.　≥35%（9~10分）　　□B.　≥25%（7~8分） 　□C.　≥15%（5~6分）　　□D.　>5%（3~4分） 　□E.　>0　　（1~2分）　　□F.　≤0　　（0分）				得分：	
销售收入增长率（≤10分） 　□A.　≥35%（9~10分）　　□B.　≥25%（7~8分） 　□C.　≥15%（5~6分）　　□D.　>5%（3~4分） 　□E.　>0　　（1~2分）　　□F.　≤0　　（0分）				得分：	
对企业财务状况的 综合评价					
专家签名：				年　　月　　日	

附件 5：

高新技术企业认定专家组综合评价表

企业名称		
企业是否注册成立一年以上	☐是　☐否	
企业是否获得符合条件的知识产权	☐是　☐否	
核心技术是否属于《技术领域》规定的范围	☐是　　☐否（若"是"，请填写3级技术领域标题或编号）	
科技人员占企业职工总数的比例/%	是否符合条件	☐是　☐否
近三年研究开发费用总额占同期销售收入总额比例/%		☐是　☐否
近三年在中国境内研发费用总额占全部研发费用总额比例/%		☐是　☐否
近一年高新技术产品（服务）收入占同期总收入比例/%		☐是　☐否

创新能力评价总分————	1. 知识产权得分		3. 研究开发组织管理水平得分	
	技术先进程度		组织管理制度	
	核心支持作用		研发机构	
	知识产权数量		成果转化奖励制度	
	知识产权获得方式		人才绩效制度	
	（加分）参与标准制定		4. 成长指标得分	
	2. 科技成果转化能力得分		净资产增长率	
			销售收入增长率	

综合评价是否符合认定条件：　☐是　　　　☐否

否（简述理由）

专家组长签字：　　　　　　　　　　　　　　　　　年　　　月　　　日

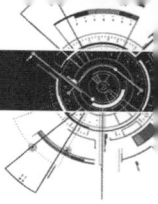

附件6：

_____年度高新技术企业发展情况报表

企业名称				
组织机构代码/ 统一社会信用代码			所属地区	
高新技术企业 认定证书编号			高新技术企业认定时间	
企业联系人			联系电话	
本年度 获得的 知识产权数/件	发明专利		其中：国防专利	
	植物新品种		国家级农作物品种	
	国家新药		国家一级中药保护品种	
	集成电路布图 设计专有权		实用新型	
	外观设计		软件著作权	
本年度 人员情况/人	职工总数		科技人员数	
	新增就业人数		其中：吸纳高校应届 毕业生人数	
企业本年度 财务状况/万元	总收入		销售收入	
	净资产		高新技术产品（服务）收入	
	纳税总额		企业所得税减免额	
	利润总额		出口创汇总额/万美元	
	研究开发费用额		其中	在中国境内 研发费用额	
				基础研究投入 费用总额	
企业是否上市	□是	□否	上市时间	
股票代码			上市类型	

注：以上信息应按《高新技术企业认定管理办法》和《高新技术企业认定管理工作指引》的规定填报。

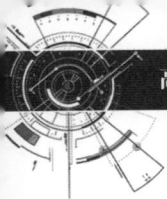

附件 7：

高新技术企业名称变更申请表

企业名称	变更前	
	变更后	

高新技术企业证书编号		发证日期	
联系人		联系电话	

<table>
<tr><td colspan="3" align="center">企业名称历史变更情况（认定高新技术企业后）</td></tr>
<tr><td>序号</td><td>变更时间</td><td>变更内容</td></tr>
<tr><td></td><td></td><td></td></tr>
<tr><td></td><td></td><td></td></tr>
<tr><td></td><td></td><td></td></tr>
</table>

企业更名原因（限 100 字内）

承诺：
　　以上填报内容及附件信息属实。

法人签字：
申请企业（盖章）：
　　年　　月　　日

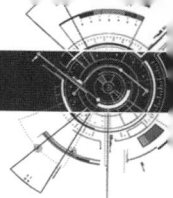

附件8：

专家承诺书

我承诺，按照《高新技术企业认定管理办法》和《高新技术企业认定管理工作指引》的要求，履行评审专家职责，遵守评审专家纪律，做到：

1. 独立、客观、公正地对申请企业材料进行评价。

2. 评审与自身有利益关系的企业时，主动申明并回避。

3. 不披露、使用申请企业的技术经济信息和商业秘密，不复制保留或向他人扩散评审材料，不泄露评审结果。

4. 不利用特殊身份和影响，采取非正常手段为申请企业认定提供便利。

5. 认定评审期间，未经认定机构许可不擅自与企业联系或进入企业调查。

6. 不收受申请企业给予的任何好处和利益。

承诺专家：

日　期：

后 记

习近平总书记在十九大报告中提出："培育具有全球竞争力的世界一流企业。"创新是发展的第一动力，毫无疑问，未来具有全球竞争力的世界一流企业，必将源自于全国 30 多万家高新技术企业群体之中。

高新技术企业政策，是我国改革开放的产物。1991 年，国务院发布了《关于批准国家高新技术产业开发区和有关政策规定的通知》（国发〔1991〕12 号），其中附件一是《国家高新技术产业开发区高新技术企业认定条件和办法》，由此拉开了高新技术企业认定政策的序幕。2007 年 3 月 16 日，全国人大通过了《中华人民共和国企业所得税法》，其中第二十八条："国家需要重点扶持的高新技术企业，减按 15% 的税率征收企业所得税。"在科技部、财政部、国家税务总局的共同参与下，经国务院批复，2008 年 4 月 14 日颁发了《高新技术企业认定管理办法》（国科发火〔2008〕172 号）及其《高新技术企业认定管理工作指引》（国科发火〔2008〕362 号）。经过八年的实施，针对高新技术企业认定工作中出现的一些新情况，2016 年，科技部、财政部、国家税务总局三部委又对两个文件进行了修订，下发了新的《高新技术企业认定管理办法》（国科发火〔2016〕32 号）及其《高新技术企业认定管理工作指引》（国科发火〔2016〕195 号）。高新技术企业政策从开始探索试行、逐渐成形，到三部委规范性文件至今，算起来有三十多年的历程，可以说是我国改革开放以来历史延续最长的一项科技政策，政策的主体内容基本上保持稳定，可见其生命力，也得到国内外的广泛关注，影响深远。

———

2015 年，广东省委省政府把培育高新技术企业作为创新驱动发展首要举措之一，提出了"高新技术企业培育计划"，广东省高新技术企业进入了快速发展的阶段，从 2016 年开始广东高新技术企业存量位居全国第一，而且连续六年实现"六连冠"。在数量快速增长的同时，也出现了新问题。2017 年，经省政府同意，广东省科技厅印发了《广东省高新技术企业树标提质行动计划（2017—2020）的通知》，提出数量与质量并重，努力把数量优势转化为经济发展优势，着力树立优质标杆高新技术企业典型，发挥示范引领作用，进而带动高新技术企业整体质量的提升。由此，数量与质量并重，成为各级政府的普遍共识。作为支撑团队，在高新技术企业工作中花费大量的时间忙于应付各种事务性的工作，包括参与高新技术企业扶持政策的研究，起草高新技术企业培育政策、实施方案、总结报告、调研报告、汇报材料。有时候时间紧、任务急，支撑团队大多数材料的起草，局限于对手头现有素材的整理，在文字表达上着力，而对材料起草本身的顶层设计、层次逻辑及

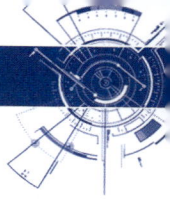

可操作性来不及仔细思考与打磨。在高新技术企业工作中遇到一些疑难杂症，往往依赖于找专家咨询，工作沉不下去，深入钻研不够，既影响工作的质量，也不利于队伍的成长。每年，广东参加高新技术企业认定的申报企业省本级大约有1.8万家，经层层把关，通过认定评审的企业1.5万家左右。每年参评企业上万家，评审任务极为繁重，提高认定质量是基础性工作。那么，在申报认定管理层面，如何提高高新技术企业的质量？

首先，正确理解高新技术企业政策。不管是申报企业、科技服务机构，还是认定专家，以及各级高新技术企业工作管理干部，这是共同的需求。其次，精心准备申报材料。高新技术企业申报认定，等同于科技企业的"高考"，做好应考准备尤为关键。再次，基层严格审核推荐。广东省自我加压，要求基层科技管理部门对申报企业进行形式审查，如有必要则开展现场考察，把好高新技术企业认定的第一道关。最后，专家精准把握尺度。认定评审是根据企业申报的技术领域，组织同一技术领域的专家，加上财务专家，依据自己的专业知识和经验去进行评审，因而专家对高新技术企业政策的理解以及对标准的尺度把握十分关键。

高新技术企业认定工作，主要由两个文件规范：《高新技术企业认定管理办法》及其《高新技术企业认定管理工作指引》。《认定办法》是认定条件、认定标准，《工作指引》是对办法的解析，指导操作。两个文件有些表达、解释比较清晰、比较具体，有些则比较原则、比较抽象。无论从企业申报的角度，还是专家评审的角度，都需要精准把握高新技术企业政策；而且从事高新技术企业管理的工作者，需要深入了解高新技术企业的政策体系脉络，以便提高高新技术企业政策水平。基于以上原因，为了便于正确理解政策，指导高新技术企业申报，统一标准，把握尺度，提高高新技术企业工作业务能力，特此编辑本书。

二

现有高新技术企业认定的书大致归为两类：一类是大学教授编写的，偏重于有关材料的归总；另一类是从事高新技术企业工作者写的，偏重申报实务。高新技术企业这一领域，大约有四类主体：一是企业，即准备申报的企业；二是中介，包括出具高新技术企业申报专项鉴证报告的会计师事务所、税务师事务所，以及帮助企业申报的科技服务中介；三是各级从事高新技术企业认定管理工作的科技干部，尤其是基层科技管理干部，承担发动辖区企业申报、审核推荐及高新技术企业服务的繁重任务，由于工作需要，轮岗交流，不断有新人加入，迫切需要尽快熟悉高新技术企业工作业务；四是从事高新技术企业政策的研究人员。上述四种主体，由于角色不同，对高新技术企业政策认识的需求不同，有的关注政策绩效，有的关注申报实务，关注提高申报的成功率。

本书的编写是由支撑团队共同完成的。第一章，科技企业技术创新发展主要理论与政策综述，由梁嘉明、关杰伦同志负责。第二章，高新技术企业认定概况，由郑秋生同志负责。第三章，广东省高新技术企业发展政策，由黄海滨同志负责。第四章，广东省高新技术企业创新发展情况，由常菁、谢晓娟同志负责。第五章，高新技术企业认定条件解读与

问题解答，由谢晓娟同志牵头，其他同志参与。第六章，研发费用、高新技术产品（服务）收入归集，由广东粤信会计师事务所有限公司黄健注册会计师、华南师范大学杨红正高级会计师负责。第七章，广东省高新技术企业认定管理，由张诗炀同志牵头，梁嘉明、肖智飞同志参与。刘桂兰同志参与从第五章到第七章认定实务的修改，胥家富同志参与第三部分内容的整理，黄诗雅同志参与第一章部分内容的修改。在编写过程中充分民主、群策群力、不断完善、定期调度。由于高新技术企业工作日常事务繁忙，各位编委大多利用节假日完成写作任务，带来了额外的工作压力，在此，对于各位编委的辛勤劳动表示感谢。

在以案解析部分，为了提高专业性，我们分别征询了若干高新技术企业技术专家和高新技术企业财务专家的意见，他们提出了很好的建议。这些专家包括：中山大学陈水挟教授、暨南大学易清明教授、广东省平台中心罗亮教授级高级工程师、广东省科学院微生物研究所李良秋教授级高级工程师、华南理工大学谢晋教授、广东省科学院彭万峰教授级高级工程师、广州德永会计师事务所有限公司许东胜注册会计师、广州俊弘会计师事务所杨瑜注册会计师、广东晨瑞会计师事务所姜勇注册会计师等，在此一并致谢。

广东省的高新技术企业工作，被列为创新驱动发展的八大举措之一，得到各级政府的大力支持。作为广东省高新技术企业认定工作领导小组的牵头单位，广东省科技厅历任主要厅领导一直重视高新技术企业工作，近年来，省科技厅主要厅领导充分肯定高新技术企业在广东省区域创新能力连续 5 年位居全国第一发挥的支撑作用，强调要加大高新技术企业政策宣传力度、完善工作体系、提升创新发展服务水平。广东省科技厅高新处作为高新技术企业工作的主责处室，对支撑团队的工作全力指导，对本书的编写给予了支持。各位领导对于本书的撰写、编辑、出版给予的大力支持和关心，在此表示衷心的感谢！

本人负责全书的统筹，包括顶层设计、篇章布局、通篇内容等，力求做到政策研究与认定实务相对应，理论与实践相结合，第一部分与第二部分内容逻辑关联，以问答、案例等形式解析政策，注重实务性、实操性。对于每一章节撰写要点与内容，由本人与具体负责人详细沟通，例如第一章，从西方技术创新理论演进，聚焦到企业创新，回归到企业创新的关键要素，与第二部分的高新技术企业认定条件相对应。又如，第四章，借鉴国务院发展研究中心原主任李伟提出的"经济高质量发展的六个维度"，用数据诠释广东省高新技术企业创新发展现状，展现了一个新的高新技术企业视角。再如，第五章，认定条件解读，主要采用本人多年来在一线高新技术企业政策宣讲时的有关内容，结合收集高新技术企业专家服务团的典型问题，提出围绕着八大基本条件，采用问答的方式，直观解析高新技术企业政策，成为本书的一大亮点。第七章，除了以广东省高新技术企业申报为例，介绍了高新技术企业认定管理的组织体系、认定流程外，提出增加有效期高新技术企业的监督管理方面的内容。2021 年 10 月，科技部国家火炬中心开展高新技术企业三年回头看大检查，本人从中得到启发，以往高新技术企业培训侧重于动员发动和认定实务，忽略有效期内监督管理的内容，增加这方面的内容，再加上认定专家的管理、中介服务机构的监管，形成了高新技术企业认定管理工作的全链条闭环。

本书既是一份高新技术企业工作的研究报告，也是一本高新技术企业认定的工具书。有关创新理论、广东省高新技术企业创新发展现状，以及与兄弟省市的比较分析，可以为

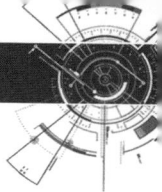

这一领域工作的科技干部提供借鉴。作为高新技术企业认定实务的工具书，可以为广大科技企业申报高新技术企业并提高申报成功率提供帮助，为专家评审提供参考。

由于时间仓促，书中不妥之处，希望得到领导、专家及高新技术企业从业者的批评、指正。

三

高新技术企业是创新驱动发展的重要抓手，区域创新能力的支点，经济高质量发展的脊梁，高水平科技自立自强的国家战略科技力量，肩负着建设科技强国的光荣使命。八成以上的高新技术企业属于中小企业，中小企业需要快速成为规上企业，规上企业要成长为标杆企业，成为科技领军企业，不断发展壮大。科技企业创新发展永远在路上！

张志强

2022 年 1 月 1 日